DSM-5®
SELECTIONS

DSM-5 급식 및 섭식 장애

DSM-5® FEEDING AND EATING DISORDERS

APA 집필 / 강진령 역

AMERICAN PSYCHIATRIC ASSOCIATION

학지사

역자 서문

미국정신의학회(American Psychiatric Association)는 2013년 DSM-5를 출간한 이래, 정신건강 전문가들의 정신장애 이해와 임상적 진료를 돕기 위해 관련 서적을 출간해 왔다. 그중에서도, 'DSM-5 Selections'는 DSM-5에 수록되어 있는 주요 정신장애를 선별하여 다른 포맷으로 구성·제작한 정신장애 시리즈다. 이 시리즈는 DSM-5의 제II편에 수록되어 있는 정신장애들 중 6개 진단군을 선별하여 총 6권으로 되어 있다. 각 권의 주제는 신경발달장애(1), 조현병 스펙트럼 및 기타 정신병적 장애(2), 우울장애(4), 불안장애(5), 급식 및 섭식 장애(10), 수면-각성 장애(12)[주. 소괄호 안의 숫자는 본문에 배열된 순서임]다.

'DSM-5 Selections'의 각 권은 특정 장애군에 대한 ① DSM-5 텍스트의 진단기준, ② DSM-5 가이드북, ③ DSM-5 임상사례집, ④ DSM-5 확인문제, ⑤ DSM-5 확인문제 정답 및 해설로 구성되어 있다. 먼저, DSM-5 가이드북은 DSM-5의 텍스트 내용을 보다 쉽게 설명해 놓았다. 독자들은 새로운 각도에서 DSM-5를 조망할 수 있을 것이다. 또한 평가문제 풀이를 통해 해당 정신장애에 관한 학습 정도를 확인해 볼 수 있을 것이다. 특히, 평가문제에 대한 정답 및 해설집은 보다 포괄적인 관점에서 독자들의 특정 장애에 대한 학습의 완성도를 극대화시킬 수 있을 것이다.

이 땅에 긍정심리학이 전해지면서 정신의학과 심리학이 인간의 어두운 단면만을 조명한다는 비판의 소리도 있었다. 그렇지만 현대 사회의 이면에는 여전히 명시적·암묵적으로 정신적인 문제로 고통을 겪는 사람들이 많은 것이 현실이다.

그러기에 오늘날처럼 정교하게 다듬어진 편람인 DSM-5가 요구되는 시대도 없을 것이다. '만남은 우연처럼 주어지는 선물'이라는 말이 있다. 역자뿐 아니라 독자들도 우연처럼 주어진 'DSM-5 Selections'와의 만남을 통해 정신장애에 대한 이해의 깊이를 더할 수 있기를 바란다.

끝으로, 'DSM-5 Selections' 번역을 위해 역자를 믿고 손을 내밀어 주신 김진환 사장께 깊이 감사드린다. 또한 인생의 중대사를 치르면서도, 깔끔하고 명쾌한 소통으로 멋진 역서가 나올 수 있도록 챙겨 준 편집부의 이상경 대리께 감사의 마음을 전한다. 바라건대, 이 책이 다양한 정신장애의 이해와 통찰로 통하는 왕도(王道)가 되었으면 한다. 이 책을 통해 정신건강 전문가들의 정신장애 이해와 진단 역량을 극대화하는 한편, 정신장애로 고통을 겪고 있는 사람들을 능숙하게 돕는 데 일조하기를 바라면서 이 글을 맺는다.

2017년 2월

역자

DSM-5® Selections 서문

DSM-5 Selections 방문을 환영한다. 이 시리즈의 목적은 DSM-5 장애 범주와 연관된 중요한 진단적 쟁점에 관하여 독자들을 교육하는 것이다. DSM-5 Selections 시리즈에서 먼저 출간된 서적으로는 ① 수면-각성장애, ② 우울장애, ③ 조현병 스펙트럼 및 기타 정신병적 장애, ④ 급식 및 섭식 장애, ⑤ 신경발달장애, 그리고 ⑥ 불안장애가 있다. 시리즈의 각 권에는 각각의 진단범주에 해당되는 장애의 진단기준이 제시되어 있다. 이 진단범주는 오늘날 임상적 실천을 위해 활용 가능한 가장 종합적이고 중요한 자원인 DSM-5에서 직접 발췌한 것들이다. 또한 이 시리즈의 각 서적에는 DSM-5 가이드북, DSM-5 임상사례집, 그리고 DSM-5 확인 문제집에서 발췌된 내용들이 수록되어 있다. 결과적으로, 이 시리즈의 각 권에서는 독자들에게 DSM-5 장애의 각 범주에 대해 독특하게 소개하고 있고 DSM-5 장애들에 관한 각자의 지식을 확인해 볼 수 있는 기회를 제공하고 있다.

DSM-5 가이드북 Guidebook은 임상가와 연구자들에게는 DSM-5 장애에 대한 로드맵 역할을 한다. 이 부분은 DSM-5의 내용을 명확하고 이해하기 쉽게 제시함으로써 정신건강 전문가들에게 개정된 진단기준의 사용방법을 알려 주는 한편, 임상적 활용을 위한 실질적인 내용을 제공하고 있다. 이 책은 DSM-IV-TR과 비교할 때, 진단범주의 임상적 적용에 매우 심각하게 영향을 줄 수 있는 DSM-5에서 개정된 내용에 초점을 맞춤으로써 DSM 진단범주에 대한 신선한 조망을 제공하고 있다.

DSM-5 임상사례집 Clinical Cases에는 특정 범주에 속하는 장애 진단기준의 전형적인 예가 될 수 있는 다양한 환자에 대한 사례들이 제시되어 있다. **DSM-5 임상 사례집**은 교사, 학생, 그리고 임상가들을 위해 DSM-5를 살아 움직이게 하고 있다. 이 책은 증상, 심각도, 동반이환, 발병 연령을 포함한 진단 개념, 여러 장애에 포괄적으로 적용되는 범주, 그리고 성별과 문화적 차이에 따른 시사점에 대해 독자들의 이해를 돕는다.

DSM-5 확인문제의 문항들은 DSM-5에서 변화된 개념, 진단에 대한 특정 변화, 그리고 진단기준에 대한 독자들의 지식을 확인해 보기 위해 집필되었다. 각 문항에는 정답의 근거에 대한 설명과 진단분류, 진단범주 세트, 진단명, 부호, 심각도, 문화, 연령, 그리고 성별에 관한 중요한 정보가 담겨 있는 짤막한 해설이 포함되어 있다. 문항들은 다양한 시험 준비에 도움이 될 것이다.

DSM-5 Selections 시리즈는 DSM-5 또는 내용의 일부를 발췌한 다른 서적들을 대체하기 위해 출간된 것이 아니다. 다만, 이 시리즈는 독자들에게 특정 장애의 범주와 직접적으로 관련 있는 핵심 자료들을 선사하기 위한 것이다. 만일 특정 장애나 장애 범주에 관해 더 많은 정보가 필요하다면, APP 교재나 임상 편람을 참조해 볼 것을 권한다. APP 출판물 전체 목록은 www. appi.org에서 확인할 수 있다.

Robert E. Hales, M.D.

편집장

차 례

머리말

DSM-5에는 총 8가지 급식 및 섭식 장애가 기술되어 있다. 이들 중 3가지(이식증, 되새김장애, 회피적/제한적 음식섭취장애)는 아동기에 발생한다. 이 장애들의 상대적인 유병률과 위험 요인들은 대체로 명확하지 않다. 청소년기 또는 성인기에 발현되는 3가지 주요 장애는 신경성 식욕부진증, 신경성 폭식증, 폭식장애다.

신경성 식욕부진증은 약 0.4% 포인트의 비율로 여성들에게 영향을 미치는 심각한 정신병적 장애다. 신경성 식욕부진증의 장기적인 사망률은 다른 정신병적 장애들 중 가장 높다. 가장 흔한 사망 원인은 자살과 다중장기 시스템 장애multiorgan system failure다. 성인들 사이에서 신경성 폭식증은 신경성 식욕부진증보다 더 흔하며, 특히 여성의 유병률은 약 2% 포인트 정도나 된다.

끝으로, 폭식장애는 새로운 DSM-5 진단으로, 여성의 유병률은 3.5%, 남성은 2%인 것으로 보고되고 있다. 이 3가지 장애의 유병률이 가장 높은 시기는 청소년기이지만, 성인들에게도 이 장애들이 발달된다.

정신의학적 동반이환은 흔히 모든 섭식장애에서 발생한다. 신경성 식욕부진증이 있는 환자들에게 있어서 가장 자주 나타나는 동반이환 상태는 주요우울장애

출처: Mitchell JE, Wonderlich SA: "Feeding and Eating Disorders," in *The American Psychiatric Publishing Textbook of Psychiatry*, 6th Edition. Edited by Hales RE, Yudofsky SC, Roberts LW. Washington, DC, American Psychiatric Publishing, 2014, pp. 557–586.

다. 우울장애 진단은 문제가 있는데, 이 장애의 진단은 저체중이 흔히 기분 변화를 초래한다는 점에서 더욱 어려워진다. 불안장애 역시 신경성 식욕부진증에서 자주 나타나고, 예상보다 높은 비율의 물질사용장애가 보고되고 있다.

신경성 식욕부진증이 있는 환자들과 유사하게, 신경성 폭식증 환자들은 높은 비율의 기분장애, 특히 주요우울증을 가지고 있다. 자살률 역시 이 인구에서 기대되는 것보다 높다. 신경성 폭식증으로 진단을 받은 환자들 사이에 외상후 스트레스장애 발병률(37%)이 높다는 것은 중요한 사실이다. 이 환자들 역시 물질사용장애의 발병률이 높다.

폭식장애 환자들에게 있어서 기타 정신병적 장애들과 동반이환되는 비율은 높다. 폭식장애가 있는 사람들의 약 20~25%는 심각한 정도의 물질사용장애도 있다. 이러한 현상은 신경성 폭식증과 신경성 식욕부진증이 있는 사람들에게 있어서도 유사하다. 가장 흔한 동반이환 정신병적 장애는 우울증으로, 폭식장애가 있는 사람들의 약 50%에게 영향을 미친다. 끝으로, 불안장애, 특히 공황장애와 단순공포증의 발병률이 상당히 높다.

요약하면, 신경성 식욕부진증과 신경성 폭식증은 비교적 사망률이 높고, 동반이환성 의학적 합병증이 흔하다. 결과적으로, 임상가들은 급식 및 섭식 장애 범주 내에 있는 이러한 상태들과 기타 장애들에 대해 잘 알고 있어야 한다.

DSM-5의 급식 및 섭식 장애 진단기준에 있어서 변화된 사항은 아래에 정리되어 있다. 그렇다고 해서 DSM-5에서 변화된 내용을 모두 제시해 놓은 것은 아니다. 본문에 있어서의 사소한 변화 또는 명확성을 높이기 위해 수정된 문구에 대해서는 제시되어 있지 않다. 다만, DSM-5의 제I편에 DSM-5의 장chapter 구조, 다축체계, 그리고 차원적 평가 소개에 있어서 수정된 내용은 상세히 기술되어 있다.

DSM-IV-TR에서 DSM-5로의 주요 변화 사항

DSM-5에서 급식 및 섭식 장애에는 DSM-IV의 "유아기, 아동기, 또는 청소년기에 보통 처음 진단되는 장애" 장에서 유아기 또는 아동기 초기의 급식 및 섭식 장애로 포함되었던 몇몇 장애가 포함되어 있다. 게다가, 달리 명시된 급식 및 섭식 장애에 속하는 몇 가지 상태에 대한 간결한 설명과 예비 진단기준이 제시되어 있다. 왜냐하면 이러한 상태에 관한 정보가 현재로서는 이들의 임상적 특징과 타당성을 기록하거나 확정적인 진단기준을 제공하기에 불충분하기 때문이다.

이식증 · 되새김장애

이식증pica과 되새김장애rumination disorder에 내한 DSM-IV의 진단범주는 명확성을 높이는 동시에 연령에 관계없이 진단을 내릴 수 있도록 개정되었다.

회피적/제한적 음식섭취장애

DSM-IV의 유아기 또는 아동기 초기 급식장애는 회피적/제한적 음식섭취장애avoidant/restrictive food intake disorder로 명칭이 바뀌었고, 진단범주 역시 크게 확장되었다. DSM-IV의 장애는 거의 사용되지 않았고, 이 장애의 특성, 경과, 결과에 관한 제한된 정보만이 남아 있다. 게다가, 아동 · 청소년들만이 아닌 많은 사람들이 음식 섭취를 심하게 제한하면서 심각할 정도로 생리적 또는 심리사회적 문제와 연관된 경험을 하고 있지만, DSM-IV의 섭식장애 진단기준으로는 이러한 증거들을 걸러 내지 못하였다. 회피적/제한적 음식섭취장애는 이러한 범위의 증거들을 걸러 내기 위한 의도로 만들어진 폭넓은 범주다.

신경성 식욕부진증

신경성 식욕부진증anorexia nervosa의 핵심 진단기준은 개념적으로 DSM-IV로부터 변화되지 않았다. 단, 한 가지 예외가 있다면, 무월경amenorrhea의 필수요건이 삭제된 것이다. DSM-IV에서 이 필수요건은 여러 상황(예, 남성, 피임약을 복용하는 여성)에서 무시되었다. 게다가, DSM-IV의 신경성 식욕부진증의 진단범주에 모두 부합되는 여성들의 임상적 특성과 경과는 무월경을 제외한다면, DSM-IV의 진단범주에 모두 부합되는 여성들의 것과 아주 유사하다. DSM-IV에서처럼, 이 장애가 있는 사람들은 발달단계에 있어서 심각할 정도의 저체중이 있었다는 진단기준 A에 부합되어야 한다. 이 진단기준의 문구는 명확성을 높이기 위해 수정되었고, 심각할 정도의 저체중 또는 그 이하의 체중 여부를 판단하는 방법에 관한 안내가 본문에 제시되어 있다. DSM-5에서는 진단기준 B가 확대되었다. 이는 공공연하게 체중 증가에 대한 공포 표출뿐 아니라 체중 증가를 저해하는 지속적인 행동을 포함시키기 위함이었다.

신경성 폭식증

DSM-IV의 신경성 폭식증bulimia nervosa 진단범주에 있어서 유일하게 변화된 점은 필수적으로 요구되던 폭식의 최소 평균 빈도수를 줄인 것과 부적절한 보상행동 빈도수를 매주 2회에서 1회로 줄인 것이다. 이렇게 약간 낮은 역치에 부합되는 사람들의 임상적 특징과 결과는 DSM-IV의 진단기준에 부합되는 사람들과 유사하다.

폭식장애

폭넓은 연구를 통해, DSM-IV의 부록 B에 수록되었던 폭식장애binge-eating disorder의 예비 진단범주가 공표되었고, 폭식장애의 유용성과 타당성이 입증되었다. DSM-IV의 예비 진단범주와 비교할 때, 한 가지 뚜렷한 차이점은 진단의 필수요건인 폭식의 최소 평균 빈도수가 적어도 6개월 동안 매주 2회에서 최소한 지난 3개월에 걸쳐 매주 1회로 바뀐 것이다. 이는 DSM-5의 신경성 폭식증 진단기준의 빈도수와 동일하다.

배설장애

DSM-IV에서 DSM-5로의 배설장애elimination Disorder 진단적 부류에는 뚜렷한 변화는 없다. 이 장의 장애들은 종전에는 DSM-IV의 유아기, 아동기, 또는 청소년기에 보통 처음 진단되는 장애 장으로 분류되었고, 현재 DSM-5에서는 독립된 장으로 분류되어 있다.

DSM-5® 급식 및 섭식 장애: ICD-9-CM 및 ICD-10-CM 부호

장애	ICD-9-CM	ICD-10-CM
이식증	307.52	
아동		F98.3
성인		F50.8
되새김장애	307.53	F98.21
회피적/제한적 음식섭취장애	307.59	F50.8
신경성 식욕부진증	307.1	
제한형		F50.01
폭식/제거형		F50.02
신경성 폭식증	307.51	F50.2
폭식장애	307.51	F50.8
달리 명시된 급식 또는 섭식 장애	307.59	F50.8
명시되지 않는 급식 또는 섭식 장애	307.50	F50.9

01

급식 및 섭식 장애

정신질환의 진단 및 통계 편람, 제5판

급식 및 섭식 장애feeding and eating disorders는 장기간 지속되는 섭식의 장해 혹은 섭식과 관련된 행동들로 인해 음식 소비 혹은 섭취에 변화가 생기고, 신체적 건강과 심리사회적 기능에 심한 손상을 초래한다는 특징이 있다. 진단기준은 ① 이식증, ② 되새김장애, ③ 회피적/제한적 음식섭취장애, ④ 신경성 식욕부진증, ⑤ 신경성 폭식증, ⑥ 폭식장애에 대해 제공된다.

되새김장애, 회피적/제한적 음식섭취장애, 신경성 식욕부진증, 신경성 폭식증, 폭식장애의 진단기준은 상호 배타적인 특징을 갖는 진단분류이며, 단일 삽화에 대해서 하나의 진단명만을 적용할 수 있게 되어 있다. 이러한 접근 방식의 이유는 공통적인 많은 정신적 · 행동적 증상에도 불구하고 각 진단명의 임상적 경과, 결과, 치료의 필요성이 매우 다르기 때문이다. 다만, 이식증 진단은 다른 급식 및 섭식장애의 진단이 있어도 추가적으로 진단될 수 있다.

이 장에서 소개되는 몇몇 환자들의 섭식 관련 증상들은 물질사용장애 환자에서 전형적으로 보이는 강박적 패턴과 갈망 증상과 유사하다. 이러한 유사점은 두 질환 모두 자기관리와 보상의 조절 회로에 관여하는 동일한 신경 시스템이 관여되고 있음을 반영한다. 그러나 섭식장애와 물질사용장애의 발달과 영구화에 기여하는 유사점과 차별점은 여전히 충분히 이해되지 않은 상태로 남아 있다.

끝으로, 비만은 DSM-5에 정신질환으로 포함되지 않았다. 비만(과도한 체지방)은 에너지 소비에 비해 섭취가 많은 상태가 장기간 지속될 때 나타난다. 유전적 · 생리적 · 행동적 · 환경적 요인들이 다양하게 얽혀 비만을 유발할 수 있으므로, 비만을 정신질환으로 분류하지는 않는다. 그러나 비만과 다른 정신질환 사이에는 강력한 연관성이 있다(예, 폭식장애, 우울장애, 양극성장애, 조현병). 향정신성 치료약물의 부작용이 비만의 발현에 중요한 영향을 미치고, 비만은 몇몇 정신질환(예, 우울장애)의 위험요소가 될 수 있다.

이식증
Pica

진단기준

A. 적어도 1개월 동안 비영양성 · 비음식 물질을 계속 먹는다.
B. 비영양성 · 비음식 물질을 먹는 것이 발달수준에 비추어 볼 때 부적절하다.
C. 먹는 행동이 사회적 관습, 혹은 문화적 지지를 받지 못한다.
D. 만약 먹는 행동이 다른 정신질환(예, 지적장애, 자폐스펙트럼장애, 조현병)이나 의학적 상태(임신 포함) 기간 중에만 나타난다면, 이 행동이 별도의 임상적 관심을 받아야 할 만큼 심한 것이어야 한다.

부호화 시 주의점: ICD-9-CM의 이식증 부호는 307.52이고 아동과 성인에 사용된다. ICD-10-CM의 이식증 부호는 아동에서는 F98.3이고 성인에서는 F50.8이다.

다음의 경우 명시할 것:

관해 상태: 이전에는 이식증의 진단기준을 만족했으나, 현재는 일정 기간 동안 기준을 만족하지 않는다.

진단적 특징

이식증의 핵심 증상은 영양분이 없고 음식도 아닌 한 가지 이상의 물질을 먹는 행동이 최소 1개월 이상 지속되며(진단기준 A), 임상적 관심을 끌 만큼 충분히 심각한 것이다. 섭취되는 물질들은 나이와 가용성에 따라 다양하고 종이, 비누, 천, 머리카락, 실, 모, 흙, 분필, 화장용 파우더(탤컴파우더talcum powder), 페인트, 껌, 금속, 자갈, 숯 혹은 석탄, 찰흙, 녹말, 얼음을 포함한다. 비음식nonfood이라는 용어를 사용하는 이유는 최소한의 영양분을 가지는 식이요법제 섭취는 이식증 진단을 적용하지 않기 때문이다. 또한 전형적으로 음식물 전반에 대한 혐오가 없어야 한다.

그리고 비영양성nonnutritive · 비음식 물질의 섭취가 발달학적으로 부적절하고(진단기준 B), 사회적 관습이거나 문화적으로 지지되지 않아야 한다(진단기준 C). 신생아 때 보이는 발달학적으로 정상적인, 물체를 입으로 가져가는 행동을 배제하기 위해 최소 2세 이상에서 진단한다. 비영양성 · 비음식 물질의 섭취는 다른 정신질환(예, 지적장애, 자폐스펙트럼장애, 조현병)에서도 나타날 수 있다. 만약 섭식행동이 다른 정신질환의 맥락에서 유독 나타나는 경우, 임상적으로 별도의 관심을 받아야 할 만큼 심한 경우에만 이식증으로 별도 진단한다(진단기준 D).

진단을 뒷받침하는 부수적 특징

몇몇 사례에서 비타민 혹은 무기물minerals(예, 아연, 철) 결핍이 보고되었지만, 보통 생물학적 비정상성은 관찰되지 않는다. 몇몇 사례에서 이식증은 일반적인 의학적 문제(예, 기계적 장문제, 위석으로 인한 장 폐색, 장 천공, 대변이나 먼지 섭취에 의한 톡소플라즈마toxoplasmosis와 톡소카라증toxocariasis 같은 감염, 납이 포함된 페인트 섭취에 의한 중독)로 주목을 받는다.

유병률

이식증의 유병률은 불분명하다. 지적장애가 있는 사람의 상태 심각도에 따라 이식증의 유병률이 증가한다.

발달과 경과

이식증은 아동기, 청소년기, 성인기에 발병되지만, 아동기 발병이 가장 흔히 보고된다. 이식증은 다른 부분에서는 정상 발달을 보이는 아동에게서 발병되지만, 성인에서는 지적장애나 다른 정신질환이 있는 경우에 발병하는 경향이 있다. 비영양성 · 비음식 물질의 섭취는 임신 중에도 나타날 수 있고, 특정한 갈망(예, 분필, 얼음)이 나타날 수 있다. 임신 중의 이식증 진단은 이런 갈망이 비영양성 · 비음식 물질을 섭취하게 하고, 의학적 위험성을 야기할 때에만 가능하다. 이식증은 오래 지속될 수 있고, 의학적 응급 상황(예, 장 폐색, 급성 체중 감소, 중독)을 야기할 수 있다. 이식증은 섭취하는 물질의 종류에 따라 치명적일 수 있다.

위험 및 예후 요인

환경적. 방임, 감독 부재, 발달지연은 이식증의 위험성을 증가시킨다.

문화와 관련된 진단적 쟁점

어떤 환자들에게는 흙이나 비영양성 물질을 먹는 행위가 종교적, 의학적, 혹은 사회적 가치일 수 있고, 문화적으로 지지되거나 사회적 관습일 수 있다. 이런 행동은 이식증 진단의 근거가 될 수 없다(진단기준 C).

성별과 관련된 진단적 쟁점

이식증은 남성과 여성 모두에게서 나타난다. 여성의 경우, 임신 중에 나타날 수 있다. 하지만 산후 기간의 이식증 경과에 대해서는 거의 알려진 바가 없다.

진단적 표지자

복부의 평면 방사선 촬영, 초음파, 다른 스캔 방법으로 이식증과 관련된 폐색 현상을 밝혀낼 수 있다. 혈액검사와 기타 검사실 검사는 중독이나 감염 정도를 알아내는 데 유용하다.

이식증의 기능적 결과

이식증은 신체 기능을 상당히 떨어뜨리지만, 사회적 기능 손상의 유일한 원인인 경우는 거의 없다. 이식증은 흔히 사회적 기능을 손상시키는 다른 질환과 동반되어 나타난다.

감별진단

비영양성 · 비음식 물질의 섭취는 다른 정신질환(예, 자폐스펙트럼장애, 조현병)의 경과 중에서도 나타날 수 있고, 클라인-레빈 증후군Kleine-Levin syndrome(***역자 주**. 폭식과 과잉행동 등의 증세가 나타나는 수면과다증의 일종)에서도 나타날 수 있다. 이런 경우, 섭식행동이 충분한 기간 지속되고 증상이 추가적인 임상적 주의를 요할 정도로 심각할 때에만 추가적인 이식증의 진단이 가능하다.

신경성 식욕부진증. 이식증은 비영양성 · 비음식 물질의 섭취로 인해 다른 급식 및 섭식 장애와 구분될 수 있다. 그러나 신경성 식욕부진증에서도 식욕을 조절하려는 목적으로 종이 휴지 같은 비영양성 · 비음식 물질을 섭취하는 증상이 나타날 수도 있다. 이런 경우, 비영양성 · 비음식 물질의 섭취가 일차적으로 체중 조절을 위해 이루어졌다면, 신경성 식욕부진증이 일차 진단이 되어야 한다.

인위성장애. 일부 인위성장애 환자들은 신체 증상을 위조할 목적으로 이물질을 의도적으로 섭취하기도 한다. 이런 경우, 손상이나 질병을 정교하게 조작하려는 기만적인 요소가 존재한다.

자살 의도가 없는 자해와 성격장애에서 자살 의도가 없는 자해행동. 일부 환자들은 성격장애나 자살 의도가 없는 자해와 관련된 부적응적 행동 패턴의 맥락으로 해로운 물건(예, 핀, 바늘, 칼)을 삼키기도 한다.

동반이환

이식증과 가장 흔히 동반되는 장애는 자폐스펙트럼장애와 지적장애(지적발달장애)이고, 이보다 덜한 수준으로 동반되는 장애는 조현병과 강박장애다. 이식증은 발모광trichotillomania(털뽑기장애hair-pulling disorder)과 피부뜯기장애excoriation/skin-picking disorder와 연관이 있다. 동반 증상으로는 머리카락이나 피부를 섭취하는 것이다. 이식증은 또한 회피적/제한적 음식섭취장애와 연관이 있는데, 특히 증상 발현에 대해 강한 감각적 요인을 가지고 있는 환자에게 있어서 그렇다. 이식증이 있는 환자는 위장 합병증, 중독, 감염과 영양 결핍의 가능성을 고려하여 평가해야 한다.

되새김장애
Rumination Disorder

진단기준 **307.53 (F98.21)**

A. 적어도 1개월 동안 음식물의 반복적인 역류가 있다. 역류된 음식은 되씹거나, 되삼키거나, 뱉어 낼 수 있다.
B. 반복되는 역류는 동반되는 위장 상태 또는 기타 의학적 상태(예, 식도 역류, 유문협착증)로 인한 것이 아니다.
C. 섭식 장해는 신경성 식욕부진증, 신경성 폭식증, 폭식장애 혹은 회피적/제한적 음식섭취장애의 경과 중에만 발생되지는 않는다.
D. 만약 증상이 다른 정신질환(예, 지적장애[지적발달장애]나 다른 신경발달장애)과 관련하여 발생한다면, 이 증상은 별도로 임상적 관심을 받아야 할 만큼 심한 것이어야 한다.

다음의 경우 명시할 것:
관해 상태: 이전에 되새김장애의 모든 진단기준을 만족한 후, 일정 기간 진단기준을 만족시키지 않을 경우

진단적 특징

되새김장애의 핵심 증상은 적어도 1개월 동안 급식 혹은 섭식 후 나타나는 음식의 반복적인 역류다(진단기준 A). 이전에 삼켜서 부분적으로 소화된 음식을 두드러진 오심, 비자발적 구역질, 역겨움 없이 입으로 토한다. 이 음식은 되씹힐 수 있고, 입에서 뱉어 내지거나 되삼켜질 수 있다. 되새김장애에서 나타나는 역류는 흔하고, 일주일 동안 적어도 수차례 일어나고, 전형적으로 매일 나타나야 한다. 이 행동은 동반되는 위장 상태 또는 기타 의학적 상태(예, 식도 역류, 유문협착증)에 의한 것이 아니고(진단기준 B), 신경성 식욕부진증, 신경성 폭식증, 폭식장애, 혹은 회피적/제한적 음식섭취장애의 경과 중에만 발생하는 것은 아니다(진단기준 C). 만약 증상

이 다른 정신질환(예, 지적장애[지적발달장애]나 다른 신경발달장애)과 관련하여 발생한다면, 이 증상은 별도로 임상적 관심을 받아야 할 만큼 심한 것이어야 하고(진단기준 D), 중재를 필요로 하는 우선적인 증상이어야 한다. 이 장애는 일생 중 어떤 시기에도 진단될 수 있고, 특히 지적장애를 가진 환자에서 그러하다. 되새김장애가 있는 많은 환자들의 증상 행동은 임상가에 의해 직접적으로 관찰될 수 있다. 다른 예로, 진단은 자기보고 혹은 부모나 보호자의 확증적인 정보를 기반으로 하여 내려지기도 한다. 환자들은 이 행동을 습관이라 하거나 조절이 불가능하다고 말한다.

진단을 뒷받침하는 부수적 특징

되새김장애가 있는 유아들은 자신의 혀를 빠는 동작을 하면서 머리를 뒤로 젖힌 채 등을 긴장시켜 활처럼 휘게 하는 특징적인 자세를 보인다. 그들은 이 행동을 통해 만족을 얻는 것 같은 인상을 준다. 그들은 역류 삽화 사이에 짜증을 내거나 배고파할 수 있다. 체중 감소와 목표 체중 미달은 되새김장애가 있는 유아에게서 흔히 나타난다. 유아들의 뚜렷한 배고픔과 상대적으로 많은 양의 음식 섭취에도 불구하고 영양실조가 있을 수 있다. 이러한 경우는 특히 심한 상태로, 역류 증상이 매 식사 직후에 나타나고, 역류된 음식을 뱉어 낼 때 나타난다. 영양실조는 나이 든 아동과 성인들에게서도 나타날 수 있는데, 특히 역류와 함께 음식 섭취의 제한이 동반될 때 심하게 나타난다. 청소년과 성인은 손으로 입을 가리거나 기침을 하면서 역류행동을 숨기려고 할 수 있다. 일부 환자들은 이러한 사회적으로 탐탁지 않은 행동이 알려질까 봐 다른 사람들과의 식사를 회피한다. 이러한 현상은 출근이나 등교 같은 사회적 상황 전에 음식 섭취를 회피하는 행동으로도 나타날 수 있다(예, 역류가 나타나므로 아침을 거름).

유병률

되새김장애의 유병률은 명확하지 않지만, 지적장애 같은 특정 집단에서는 일반적으로 높게 보고된다.

발달과 경과

되새김장애의 발병은 유아기, 아동기, 청소년기, 성인기에 있을 수 있다. 유아기에서 증상의 시작은 보통 3~12개월 사이이다. 유아에서 이 장애는 종종 자연적으로 호전되지만, 증상이 지속되거나 의학적 응급상황(심한 영양실조)을 초래할 수 있다. 특히, 유아기에 이 장애는 생명을 위협할 정도로 심각할 수 있다. 되새김장애는 삽화적인 경과를 보이거나, 치료받기 전까지 지속적인 양상으로 나타날 수 있다. 지적장애(지적발달장애)나 신경발달장애가 있는 나이 든 환자뿐 아니라 유아들의 역류와 되새김 행동은 자기위로self-smoothing 혹은 자기자극self-stimulating 기능을 하는 것처럼 보인다. 이는 머리박기head banging 같은 반복적인 행동과 마찬가지 기전이다.

위험 및 예후 요인

환경적. 자극의 결여, 방임, 스트레스성 생활사건 같은 심리사회적 문제와 부모자녀 관계의 문제는 유아와 아동에게 촉발요인으로 작용할 수 있다.

되새김장애의 기능적 결과

반복적 역류에 의해 이차적으로 나타나는 영양실조는 성장 지연을 초래하고, 발달과 학습능력에 부정적인 영향을 미친다. 일부 나이 든 환자들은 그들의 행동이 사회적으로 용납되지 않는다는 것을 알기 때문에 의도적으로 음식 섭취를 제한함으로써 체중 감소나 저체중을 보일 수 있다. 나이 든 아동, 청소년, 성인의 경우, 사회적 기능이 부정적으로 영향받기 쉽다.

감별진단

위장관 질환. 되새김장애에서 나타나는 역류 증상과 위식도 역류나 구토가 주 특징으로 나타나는 다른 질환과의 감별은 중요하다. 유아의 경우, 위마비gastroparesis, 유문협착증pyloric stenosis, 식도열공 탈장hiatal hernia, 샌디퍼 증후군Sandifer syndrome 등의 질환은 적절한 신체검진과 검사실 검사를 통해 배제되어야 한다.

신경성 식욕부진증과 신경성 폭식증. 신경성 식욕부진증과 신경성 폭식증 환자들 역시 체중 증가에 대한 걱정 때문에 섭취된 칼로리를 제거하려는 목적으로 섭취된 음식을 역류하고 뱉어 낼 수 있다.

동반이환

되새김과 연관된 역류는 동반된 의학적 상태나 다른 정신질환(예, 범불안장애)과 연관되어 나타날 수 있다. 이런 맥락에서 역류가 나타나면, 증상의 심각도가 상기 질환이 통상적으로 나타내는 심각도를 초과하거나 별도의 임상적 관심을 받아야 할 만큼 심각할 경우에 한해서 되새김장애 진단을 내릴 수 있다.

회피적/제한적 음식섭취장애

Avoidant/Restrictive Food Intake Disorder

진단기준 **307.59 (F50.8)**

A. 섭식 또는 급식 장해(예, 음식 섭취에 대한 명백한 흥미 결여, 음식의 감각적 특성에 근거한 회피, 섭식의 부정적 결과에 대한 걱정)가 지속적으로 나타나 적절한 영양 및/또는 에너지가 부족하게 되고, 이는 다음과 관련이 있다.

1. 심한 체중 감소(혹은 아동에서 기대되는 체중에 미치지 못하거나 더딘 성장)
2. 심한 영양 결핍
3. 위장관 급식 혹은 경구 영양 보충제에 의존
4. 심리사회적 기능에 많은 영향을 줌

B. 장해는 구할 수 있는 음식이 없거나 문화적으로 허용되는 처벌 관행으로 인한 것으로 더 잘 설명되지 않는다.
C. 섭식 장해는 신경성 식욕부진증이나 신경성 폭식증의 경과 중 나타나는 것이 아니고, 사람의 체중이나 체형에 관한 장애의 증거가 없어야 한다.
D. 섭식 장해는 동반되는 의학적 상태로 인한 것이 아니고, 다른 정신질환으로 더 잘 설명되지 않는다. 만약 이 섭식 장해가 다른 상태나 질환과 관련하여 발생한다면, 섭식 장해의 심각도는 일반적으로 나타나는 것보다 심해야 하거나 별도로 임상적 관심을 받아야 할 만큼 심한 것이어야 한다.

다음의 경우 명시할 것:

관해 상태: 이전에 되새김장애의 모든 진단기준을 만족한 후 일정 기간 진단기준을 만족시키지 않을 경우

진단적 특징

회피적/제한적 음식섭취장애는 DSM-IV의 유아기 또는 초기 아동기의 급식장애에 대한 진단기준을 대체하고 확장한다. 회피적/제한적 음식섭취장애의 주요 증상은 음식 섭취의 회피 혹은 제한이고(진단기준 A), 이는 음식의 경구 섭취로는 적절한 영양 및/또는 에너지 섭취 부족으로 나타난다. 다음 중 한 가지 이상의 증상이 있어야 한다(① 심한 수준의 체중 감소, ② 심한 수준의 영양 부족[또는 건강에 미치는 영향과 관련된], ③ 위장관 급식이나 경구 영양 보충제에 대한 의존, ④ 현저한 심리사회적 기능의 장애). 체중 감소가 심한 것인지에 대한 결정은 임상적 판단에 의한다(진단기준 A1). 그러나 체중 감소 대신 성장이 아직 끝나지 않은 유아나 청소년의 경우는 체중과 키의 증가가 성장·발달 단계에 적절하게 유지되지 않을 수 있다.

심한 영양결핍에 대한 결정은 임상평가에 근거한다(예, 식이섭취 평가, 신체검진, 검사실 검사). 신체적 건강에 주는 영향은 신경성 식욕부진증의 정도와 비슷할 수 있다(예, 저체온증^hypothermia^, 서맥^bradycardia^, 빈혈^anemia^). 특히 유아의 경우, 심하면, 영양실조는 생명에 위협이 될 수 있다. 위장관 급식^enteral feeding^이나 경구 영양 보충제에 대한 "의존^dependence^"(진단기준 A3)은 적절한 섭취 유지를 위해 보충 급식이 요구된다는 것을 의미한다. 보충 급식을 요구하는 사람의 예는 비위관^nasogastrictube^

급식이 요구되는 성장장애 유아, 영양학적으로 완전한 보충제에 의존하는 신경발달장애 아동, 그리고 의학적 기저 질환이 없는 상태에서 위루관gastrostomy tube 급식이나 경구 영양제에 완전히 의존하는 사람을 포함한다. 장애의 결과로 다른 사람과 함께 밥을 먹거나 관계를 유지하는 것 같은 정상적인 사회활동이 안 되는 것은 심리사회적 기능의 현저한 장애를 의미할 것이다(진단기준 A4).

회피적/제한적 음식섭취장애는 구할 수 있는 음식이 없거나 문화적 관행(종교적 단식이나 정상적인 다이어트)에 의한 것이 아니어야 하고(진단기준 B), 또한 발달적으로 정상인 행동들은 포함하지 않는다(유아의 까다로운 섭식, 노인에서 감소된 섭식). 이 장애는 체중이나 외모에 대한 과도한 걱정(진단기준 C), 또는 동시에 발생하는 의학적 요인이나 정신질환으로 더 잘 설명되지 않는다(진단기준 D).

일부 환자들의 경우, 음식에 대한 회피와 제한은 음식의 모양, 색, 냄새, 식감, 온도, 맛에 대한 지나친 감수성 같은 음식의 질에 관한 감각적 특성에 의한 것일 수 있다. 이 같은 행동은 "제한적restrictive 섭식" "선택적selective 섭식" "까다로운choosy 섭식" "끈질긴perseverant 섭식" "상습적 음식 거부chronic food refusal" "식품기신증food neophobia"으로 묘사되고, 특정 브랜드의 음식 먹기를 거부하거나 타인이 먹는 음식 냄새를 맡는 것을 거부하는 양상으로 나타난다. 자폐증과 관련이 있는 증가된 감각 예민성을 보이는 사람들도 비슷한 행동을 보일 수 있다.

음식에 대한 회피와 제한은 질식, 위장관 검사(예, 식도경 검사) 같이 고통스러운 시술, 또는 반복적 구토 같이 음식 섭취에 대한 부정적 경험에 의하거나, 이러한 상황을 예견할 때 나타나는 조건화된 부정적인 반응일 수 있다. 기능성 연하곤란functional dysphagia과 히스테리구/목 이물감globus hystericus이라는 용어가 이러한 상황에서 사용된다.

진단을 뒷받침하는 부수적 특징

몇몇 특징은 섭식이나 음식에 대한 흥미 감소를 포함한 음식 회피 혹은 감소된 음식 섭취와 관련되어 나타나고, 이는 체중 감소나 더딘 성장을 야기한다. 아주 어린 유아는 매우 졸려 하거나, 괴로워하거나 또는 급식을 불안해하는 모습을 나타낼 수 있다. 유아와 어린아이들은 급식 중 주 보호자와 어울리려 하지 않거나, 다른 활동을 좋아하면서 배고픔을 호소하지 않을 수 있다. 나이 든 아동과 청소년의 경우, 음식 회피 또는 제한은 불안장애, 우울장애, 또는 양극성장애의 진단기준에 부합하지 않는 광범위한 정서적 어려움과 관련될 수 있고, 이는 때때로 "음식회피 정서장애food avoidance emotional disorder"로 불린다.

발달과 경과

불충분한 섭식이나 식욕 저하와 관련된 음식 회피 또는 제한은 가장 흔히 유아기나 초기 어린 시절에 나타나고, 성인기까지 지속될 수 있다. 마찬가지로, 음식에 대한 감각적 특징을 기반으로 한 회피는 10세 이내에 나타나는 경향이 있지만, 성인기까지 지속될 수 있다. 부정적 결과와 관련된 회피는 전체 연령에서 나타날 수 있다. 장기적 결과에 대한 연구는 부족하지만, 감각적 측면에 근거한 음식 회피 혹은 제한은 상대적으로 안정적이고 장기적으로 진행되는데, 성인기까지 유지되면 이런 회피/제한은 상대적으로 정상적 기능과 연관될 수 있다. 회피적/제한적 음식섭취장애와 이후 나타나는 섭식장애의 발병 간의 관련성에 대한 직접적인 증거는 현재 불충분하다.

회피적/제한적 음식섭취장애가 있는 유아는 급식 동안 성급하고 제어하기 어려울 수 있고, 또는 무관심해 보이거나 위축되어 보일 수 있다. 몇몇 경우에서 부모-자녀 상호작용은 유아의 급식문제를 일으킬 수 있다(예, 음식을 부적절하게 제공하거나, 유아의 행동을 공격성 혹은 거절의 행동으로 해석함). 불충분한 영양 섭취는 관련된 특징을 악화시킬 수 있고(과민성, 성장 지연), 나아가 급식장애의 원인이 될 수 있다. 이와 관련된 요인으로는 유아의 섭식에 대한 반응을 감소시키는 유아의 기질적 또는 발달적 손상을 들 수 있다. 보호자가 바뀌었을 때 급식과 체중의 호전이 관찰된다면, 부모의 정신병리 혹은 아동 학대나 방임을 의미한다. 유아기, 아동기, 사춘기 전의 청소년에서 회피적/제한적 음식섭취장애는 성장 · 발달 지연과 관련이 있고 영양부족은 발달과 학습에 악영향을 미친다. 아동기 후기, 청소년, 성인에서는 사회기능에 부정적 영향을 미친다. 식사시간의 스트레스, 그리고 친구, 친척과 관련된 급식 혹은 섭식 상황에서 연령에 관계없이 가족기능이 영향받을 수 있다.

회피적/제한적 음식섭취장애는 보통 성인보다 아동에게서 명백하게 나타난다. 그리고 발병과 임상적 발현 사이에 긴 지연이 있을 수 있다. 발현의 유발요인은 매우 다양한데, 신체적 · 사회적 · 정서적 어려움이 모두 포함된다.

위험 및 예후 요인

기질적. 불안장애, 자폐스펙트럼장애, 강박장애, 그리고 주의력결핍 과잉행동장애는 회피적/제한적 음식섭취장애에 대한 위험성과 장애에 의해 나타나는 섭식행동의 위험성을 증가시킨다.

환경적. 회피적/제한적 음식섭취장애의 환경적 위험요소는 가족의 불안을 포함한다. 섭식장애가 있는 어머니의 자녀들은 높은 급식 장해의 비율을 나타낸다.

유전적 · 생리적. 위장 상태, 위식도 역류, 구토, 다른 의학적 문제에 대한 병력은 회피적/제한적 음식섭취장애의 섭식행동 특징과 관련이 있다.

문화와 관련된 진단적 쟁점

미국, 캐나다, 호주, 유럽과 같은 다양한 인구에서 회피적/제한적 음식섭취장애와 비슷한 증상이 나타날 수 있다. 섭식에 대한 회피가 특정 종교나 문화와 관련되어 있을 때는 회피적/제한적 음식섭취장애로 진단하지 않는다.

성별과 관련된 진단적 쟁점

회피적/제한적 음식섭취장애는 유아기와 아동기 초기에 남녀에게서 비슷한 확률로 나타난다. 하지만 자폐스펙트럼장애와 관련된 회피적/제한적 음식섭취장애는 남성의 비율이 더 우세하다. 감각적 민감성의 변화와 관련된 음식 회피 및 제한은 임신과 같은 몇몇 생리적 조건에서 일어날 수 있지만, 일반적으로는 심하지 않고 진단기준을 충족하지는 않는다.

진단적 표지자

진단적 특징은 영양 불량, 체중 감소, 성장 · 발달 지연, 섭취 불량 외에는 명확한 의학적 상태가 없으면서 인공적인 영양 보충의 필요를 포함한다.

회피적/제한적 음식섭취장애의 기능적 결과

관련된 발달적 · 기능적 제한에는 신체 발달 손상과 가족기능에 심각하게 부정적인 영향을 줄 수 있는 사회적 어려움이 포함된다.

감별진단

제한적인 섭취 이전에 나타나는 식욕 저하는 많은 정신질환에 동반되는 비특이적 증상이다. 만약 진단기준을 만족하고 섭식 장해가 별도의 임상적 주의가 요구된다면 다음과 같은 장애들과 동시에 진단될 수 있다.

기타 의학적 상태(예, 위장관 질환, 음식 알레르기, 음식에 대한 과민증, 잠재성 종양). 제한된 섭식은 구토, 식욕 저하, 오심, 복통, 설사 같은 증상이 동반되는 기타 의학적 상태에서 일어나기도 한다. 회피적/제한적 음식섭취장애의 진단은 섭취 장해가 다른 의학적 상태에서 나타나는 신체 증상으로 설명되는 것 이상으로 나타날 때 가능하다. 그리고 섭식 장해는 의학적 상태에 의해 촉발된 이후 또는 해결된 이후에 지속되기도 한다. 잠재적인 질병 또는 동반되는 정신적 상태는 급식과 섭식을 복잡하게 한다. 나이 든 사람, 수술받은 환자, 화학 요법을 받은 사람은 흔히 식욕 저하를 일으키기 때문에, 회피적/제한적 음식섭취장애가 추가적으로 진단되려면 섭식 장해가 중재의 일차적 초점이 되어야 한다.

급식의 어려움과 관련 있는 특정 신경학/신경근, 구조적 또는 선천적 장애와 상태.

급식의 어려움은 흔히 근력 저하, 혀 돌출, 위험한 연하 같은 구강/식도/인두의 구조와 기능에 대한 문제와 관련된 많은 선천적·신경학적 상태에서 일반적으로 나타난다. 회피적/제한적 음식섭취장애는 모든 진단기준에 부합되기만 한다면 이러한 증상들이 있는 사람들에게 진단할 수 있다.

반응성 애착장애. 어느 정도의 위축은 반응성 애착장애의 특징이고, 이것은 아동의 음식섭취와 급식에 영향을 주는 보호자와 아이의 관계에 있어서의 장해로 이어질 수 있다. 회피적/제한적 음식섭취장애는 오직 모든 진단기준이 두 장애를 만족하고 급식 장해가 중재의 일차적 초점이 될 때만 함께 진단되어야 한다.

자폐스펙트럼장애. 자폐스텍트럼장애가 있는 사람은 흔히 완고한 섭식행동과 높은 감각 예민성을 나타낸다. 하지만 이 같은 특징은 회피적/제한적 음식섭취장애의 진단을 위해 필요한 손상 수준을 항상 만족시키지는 않는다. 회피적/제한적 음식섭취장애는 오직 모든 진단기준에 두 질병을 만족할 때, 그리고 섭식 장해가 특정 치료를 필요로 할 때만 동시에 진단되어야 한다.

특정공포증, 사회불안장애(사회공포증) 및 기타 불안장애. 특정공포증, 기타형은 "질식이나 구토를 유발할 수 있는 상황"을 명시할 수 있고 진단기준에 필요한 공포, 불안 또는 회피 같은 일차적 유발요인을 나타낼 수 있다. 회피적/제한적 음식섭취장애와 특정공포증의 감별은 질식이나 구토에 대한 공포가 음식 회피로 나타날 때 어려울 수 있다. 질식이나 구토에 대한 명백한 공포로 인해 나타나는 음식섭취의 회피와 제한은 특정공포증으로 진단될 수 있지만, 섭식문제가 임상적 주의의 일차적인 초점이 된다면 회피적/제한적 음식섭취장애가 적절한 진단이 된다. 사회불안장애에 있어서 환자는 식사하는 동안 다른 사람에 의해 관찰되는 것에 공포를 보일 수 있는데, 이러한 현상은 회피적/제한적 음식섭취장애에서도 나타날 수 있다.

신경성 식욕부진증. 현저한 저체중 유지를 위해 요구되는 에너지 섭취의 제한은 신경성 식욕부진증의 핵심 증상이다. 하지만 신경성 식욕부진증이 있는 사람은 살찌는 것에 대해 두려움을 나타내거나 체중 증가를 막는 행동을 지속할 뿐만 아니라 자신의 체중과 체형에 대한 지각과 경험과 관련되어 특별한 장해를 보인다. 이러한 특징들은 회피적/제한적 음식섭취장애에서는 나타나지 않으며, 이 2가지 질병은 동시에 진단되어서는 안 된다. 이 두 질병은 많은 공통된 증상을 가지고 있기 때문에(예, 음식 회피, 저체중), 특히 아동기 후기, 청소년기 초기에 회피적/제한적 음식섭취장애와 신경성 식욕부진증의 감별진단이 어렵다. 또한 비만에 대한 어떤 두려움도 부인하지만, 그럼에도 체중 증가를 막는 행동들을 지속적으로 하고, 저체중에 대한 의학적 심각성을 깨닫지 못하는 — 때로 "비만공포 부재형 신경성 식욕부진증non-fat phobic anorexia nervosa"으로 명명된 증상이 발현되는 — 신경성 식욕부진증 환자들도 감별진단이 어렵다. 증상, 경과, 가족력의 충분한 고려가 필요하고, 진단은 오랜 시간에 걸친 치료과정에서 가장 정확히 내려질 수 있다. 몇몇 환자에서 회피적/제한적 음식섭취장애는 신경성 식욕부진증의 발현에 앞서 나타날 수 있다

강박장애. 강박장애가 있는 사람들은 음식에 대한 집착 혹은 의례적인 섭식행동과 관련된 섭취 회피 또는 제한 행동을 보일 수 있다. 회피적/제한적 음식섭취장애의 진단은 두 장애의 모든 진단기준에 부합되고, 비정상적인 섭식이 특정 치료를 요하는 주된 임상적인 특징일 때에 한해서 동시에 내려질 수 있다.

주요우울장애. 주요우울장애에서 식욕에 대한 증상은 심한 음식 섭취의 제한으로 나타날 수 있고, 전체 에너지 섭취의 감소와 연관하여 체중 감소를 보일 수 있다. 보통 식욕 감소와 음식 섭취의 감소는 기분 증상의 호전과 함께 호전된다. 회피적/제한적 음식섭취장애는 두 장애의 모든 진단기준에 부합되고, 섭식 장해가 특정 치료를 필요로 하는 경우에 한해서 동시에 내려질 수 있다.

조현병 스펙트럼장애. 조현병, 망상장애, 또는 기타 정신병적 장애가 있는 사람들은 괴이한 섭식행동, 망상적 신념에 의한 특정 음식 섭취의 회피를 보일 수 있고,

이는 회피 혹은 제한 섭취로 나타날 수 있다. 몇몇 사례에서 망상적 신념은 어떤 음식을 섭취함으로써 나타나는 부정적인 결과에 대한 걱정의 원인이 될 수 있다. 회피적/제한적 음식섭취장애는 두 장애의 모든 진단기준에 부합되고, 섭식 장해가 특정 치료를 필요로 하는 경우에 한해서 동시에 내려질 수 있다.

인위성장애 또는 타인에게 부여된 인위성장애. 회피적/제한적 음식섭취장애는 인위성장애factitious disorder 혹은 타인에게 부여된 인위성장애와 감별해야 한다. 환자 역할을 위해 인위성장애를 보이는 일부 사람들은 식이 상태나 이에 의한 문제점을 그들이 실제로 섭취하는 것보다 훨씬 더 제한적인 것처럼 의도적으로 실명한다. 또한 위장관 급식 혹은 영양 보충제가 필요한 것, 정상 범위의 음식을 견딜 수 없고, 음식과 관련된 상황에 연령에 적절하게 정상적으로 참여할 수 없는 증상들을 보고한다. 이런 증상의 보고는 인상적으로 극적이고 매력적이며, 증상들은 일관적이지 않을 수 있다. 타인에게 부여된 인위성장애에 있어서, 보호자는 회피적/제한적 음식섭취장애의 증상을 일관성 있게 보고하거나, 체중 증가의 실패 같은 신체 증상을 유도할 수 있다. 타인에게 부여된 인위성장애의 경우처럼, 병을 앓는 사람보다는 보호자가 진단을 받게 되고, 진단은 영향을 받은 잠정 환자, 보호자, 그리고 그들의 관계에 대한 조심스럽고 포괄적인 평가를 기반으로 내려져야 한다.

동반이환

회피적/제한적 음식섭취장애와 가장 흔히 동반되는 장애는 불안장애, 강박장애, 신경발달장애(구체적으로 자폐스펙트럼장애, 주의력결핍 과잉행동장애, 지적장애[지적발달장애])다.

신경성 식욕부진증
Anorexia Nervosa

진단기준

A. 필요한 양에 비해 지나친 음식물 섭취 제한으로 연령, 성별, 발달과정 및 신체건강 수준에 비해 현저하게 저체중을 유발하게 된다. **현저한 저체중**은 최소한의 정상 수준보다 체중이 덜 나가는 것으로 정의되며, 아동과 청소년의 경우, 해당 발달단계에서 기대되는 최소한의 체중보다 체중이 적게 나가는 것을 의미 한다.

B. 체중이 증가하거나 비만이 되는 것에 대한 극심한 두려움 혹은 체중 증가를 막기 위한 지속적인 행동. 이러한 행동은 지나친 저체중일 때도 이어진다.

C. 기대되는 개인의 체중이나 체형을 경험하는 방식에 장해, 자기평가에서 체중과 체형에 대한 지나친 압박, 혹은 현재의 저체중에 대한 심각성 인식의 지속적 결여가 있다.

부호화 시 주의점: ICD-9-CM에서의 신경성 식욕부진증의 부호는 307.1이며, 아형이 나눠지지 않는다. ICD 10 CM에서는 다음의 아형에 따른다.

다음 중 하나를 명시할 것:

(F50.01) **제한형:** 지난 3개월 동안, 폭식 혹은 제거 행동(즉, 스스로 구토를 유도하거나 하제, 이뇨제, 관장제 오용)이 반복적으로 나타나지 않는다. 해당 아형은 저체중이 주로 체중 관리, 단식 및 과도한 운동을 통해 유발된 경우를 말한다.

(F50.02) **폭식/제거형:** 지난 3개월 동안, 폭식 혹은 제거 행동(즉, 스스로 구토를 유도하거나 하제, 이뇨제, 관장제 오용)이 반복적으로 나타났다.

다음의 경우 명시할 것:

부분 관해 상태: 이전의 신경성 식욕부진증의 진단을 모두 만족한 후, 진단기준 A(체중 감소)가 삽화 기간에 나타나지 않았으나, 진단기준 B(체중 증가 혹은 비만이 되는 것에 대한 극심한 두려움 혹은 체중 증가를 막기 위한 행동) 혹은 진단기준 C(체중과 체형에 대한 자기지각의 장애)가 지속되고 있는 경우를 말한다.

완전 관해 상태: 이전의 신경성 식욕부진증의 진단을 모두 만족한 후, 삽화 기간 동안 진단기준에 해당되는 행동이 아무것도 나타나지 않는다.

현재의 심각도를 명시할 것:

성인의 경우, 심각도의 최저 수준은 현재의 체질량 지수body mass index(BMI)를 기준으로 한다(다음을 참조할 것). 아동/청소년의 경우, BMI 백분위수를 기준으로 한다. 다음의 범위는 세계보건기구(WHO)에서 제공하는 성인의 마른 정도의 범주에 따른다. 아동/청소년의 경우, BMI 백분위수에 해당하는 기준을 사용한다. 심각도 수준은 임상 증상, 기능적 장애 정도, 그리고 관리의 필요성을 반영하여 증가될 수도 있다.

경도: BMI $\geq$17kg/m^2
중등도: BMI 16~16.99kg/m^2
고도: BMI 15~15.99kg/m^2
극도: BMI $<$15kg/m^2

아형

대부분의 폭식/제거형 신경성 식욕부진증이 있는 사람들은 폭식과 더불어 스스로 구토를 유도하거나 하제, 이뇨제, 관장제를 오용하는 제거행동이 함께 나타난다. 폭식/제거형 신경성 식욕부진증이 있는 사람들 중에는 폭식은 하지 않지만, 소량의 음식을 섭취한 후 규칙적으로 제거행동을 하는 사람들이 있다. 장애 경과 동안 2가지 아형이 함께 나타나는 것은 드문 일이 아니다. 그래서 아형을 기술할 때는 장기적인 경과보다 현재의 증상을 중심으로 기술해야 한다.

진단적 특징

신경성 식욕부진증에는 3가지 핵심적인 증상(① 지속적인 음식물 섭취 제한, ② 체중 증가나 비만에 대한 극심한 두려움, 혹은 체중 증가를 막는 행동의 지속, ③ 체중과 체형에 대한 자기인식의 장애)이 있다. 이러한 사람은 나이, 성별, 발달과정 및 신체적인 건강 상태에 비해 최소한의 정상 수준보다 낮은 체중을 유지한다(진단기준 A). 이러한 사람들의 체중은 흔히 심한 체중 감소에 의해 진단이 내려진다. 그러나 아동과 청소년의 경우, 체중 감소 대신 정상적인 발달 궤도 유지에 실패로 대체하기도 한다(즉, 신장에 비해 체중이 증가하지 않음).

진단기준 A에서는 개인의 체중이 심각하게 적게 나가는 것이 필수적으로 요구된다(즉, 최소한의 정상 수준보다 체중이 적게 나가는 것, 혹은 아동과 청소년의 경우, 최소한 기대되는 수준보다 체중이 적게 나가는 것). 체중에 대한 평가는 논란의 여지가 있는데, 정상 체중의 범위는 개인 간에 차이가 있을 수 있고, 마름 혹은 체중 미달 상태를 정의하는 데 있어서 다른 기준들이 제시되어 왔기 때문이다. 체질량 지수

(BMI: 체중[kg]을 키의 제곱[m^2]으로 나눠서 계산한 값)는 키에 대한 체중을 평가 하는 데 유용한 측정값이다. 성인의 경우, 미국질병통제예방센터Center for Disease Control and Prevention(CDC)와 세계보건기구(WHO)는 BMI 18.5kg/m^2을 정상 체중의 하한선으로 정하였다. 그러므로 BMI가 18.5kg/m^2보다 높거나 같은 대다수의 성인의 경우에는 심한 저체중으로 여겨지지 않는다. 반면, BMI가 17.0kg/m^2보다 낮은 경우, WHO 기준으로 중등도 또는 고도의 마름으로 간주된다. 그러므로 BMI가 17.0kg/m^2보다 낮은 사람의 경우에는 심한 저체중으로 여겨질 수 있다. BMI가 17.0~18.5kg/m^2 사이에 속하거나 18.5kg/m^2 이상인 경우, 만약 임상적인 과거력이 있거나 생리적인 정보가 해당 기준을 지지한다면 저체중으로 여겨질 수 있다.

아동과 청소년의 경우, 연령에 따른 BMI 백분위를 사용하여 결정한다(예, 아동과 십 대를 위한 CDC의 BMI 백분위 계산기를 참조할 것). 성인의 경우와는 달리 아동・청소년의 체중이 심각하게 적게 나가는지에 대해 판단하는 확고한 표준 기준을 규정하는 것은 불가능하며, 유소년기youth 동안의 발달상의 변화로 인해 단순한 수치로 된 지침을 사용하는 것은 한계가 있다. CDC에서는 체중 미달을 정의하기 위해 연령에 따른 BMI를 다섯 단계의 5 백분위수로 나누어 사용하고 있다. 그러나 이 기준점보다 BMI가 높은 아동・청소년의 경우에도 성장과정 중에 기대되는 체중 유지에 실패한다면, 심한 체중 미달로 판단할 수 있다. 요약하면, 진단기준 A에 해당되는지에 대한 판단은 임상가가 유효한 수치화된 가이드라인과 동시에 사람의 체격, 체중 관련 과거력, 그리고 생리학적 장해가 있었는지에 대한 사항들을 함께 고려해야 한다.

이 장애가 있는 사람들은 전형적으로 체중 증가 혹은 비만에 대해 극심한 두려움을 보인다(진단기준 B). 비만에 대한 극심한 두려움은 대개 체중이 감소한다고 해서 해소되지 않는다. 실제로, 체중 증가에 대한 걱정은 체중이 빠지고 있는 순간에도 증가할 수 있다. 신경성 식욕부진증이 있는 어린 환자뿐만 아니라 일부 성인의 경우에도 체중 증가에 대한 두려움을 인식 또는 인정하지 못할 수 있다. 심한 저체중에 대한 또 다른 설명거리가 없는 경우, 임상가들은 부수적인 과거력, 관찰된 자료, 신체검진과 검사실 검사 결과, 체중 증가에 대한 두려움 혹은 체중 증가를 막기 위한 행동이 있었는지에 대한 종단적 경과 등의 추가 정보를 통해 추론한 후 진단기준 B에 적합한지의 여부를 판단해야 한다.

이 사람들에게 있어서 체중과 체형에 대한 경험과 심각성은 왜곡되어 있다(진단기준 C). 이들 중에는 자신이 전반적으로 과체중이라고 느끼는 사람들이 있는가 하면, 자신이 말랐지만 특정 신체 부위, 특히 복부, 엉덩이, 허벅지에 대해서는 여전히 "너무 뚱뚱하다"고 걱정하는 사람들도 있다. 이들은 자신의 신체 크기 혹은 체중 측정을 위해 다양한 방법을 사용하기도 한다. 여기에는 잦은 체중 측정, 강박적인 신체 부위 측정, 거울을 통해 "뚱뚱하다"고 지각되는 신체 부위에 대한 지속적 확인이 포함된다. 신경성 식욕부진증이 있는 사람들의 자존감은 자신이 지각하는 체중과 체형에 영향을 크게 받는다. 체중 감소는 때로 인상적인 성취와 놀라운 자기수양으로 여겨지는 반면, 체중 증가는 받아들일 수 없는 자기조절의 실패로 지각된다. 이 장애가 있는 일부 사람들은 날씬해지고 있음은 인정하지만, 대개 자신이 영양부족 상태라는 의학적인 결과는 인식하지 못한다.

이러한 사람들은 주로 눈에 띄게 체중이 감소한 후(혹은 기대되는 체중 증가가 없는 경우), 가족에 의해 전문가에게 오게 된다. 만약 자기 스스로 도움을 청한다면, 이는 대부분 굶주림으로 인한 신체적 · 심리적 후유증에 따른 주관적인 고통 때문이다. 신경성 식욕부진증이 있는 사람들이 체중 감소 그 자체에 불만을 갖는 일은 드물다. 실제로 신경성 식욕부진증이 있는 사람은 흔히 문제에 대한 통찰이 없거나 문제를 부정한다. 그러므로 체중 감소의 과거력이나 다른 질병에 대한 증상을 측정하기 위한 정보는 주로 가족이나 다른 사람들을 통해 얻을 필요가 있다.

진단을 뒷받침하는 부수적 특징

신경성 식욕부진증의 준기아 상태^semi-starvation^와 때로 이와 연관된 제거행동은 심각하고 잠재적으로 생명을 위협하는 의학적 상태를 야기할 수 있다. 이 장애와 연관된 영양상의 타협은 대부분의 신체 장기체계에 영향을 미치고 다양한 장해를 유발한다. 무월경 또는 비정상적 활성 징후를 포함한 생리학적 장해가 흔히 나타난다. 영양실조와 연관성이 있는 생리학적 장해의 대부분은 영양학적 재활을 통해 회복될 수 있지만, 골밀도 손실을 포함한 몇몇 장애는 흔히 완전히 회복될 수 없다. 스스로 구토를 유발하거나 하제, 이뇨제, 관장제 오용과 같은 행동은 여러 장해의 원인이 되고, 비정상적인 검사결과로 이어질 수 있다. 그러나 신경성 식욕부진증이 있는 일부 사람은 검사실 검사에서 이상을 보이지 않는다.

심한 저체중일 경우, 신경성 식욕부진증이 있는 많은 사람들은 우울 기분, 사회적 위축, 과민성, 불면증, 성행위에 대한 흥미 감소 같은 우울 징후와 증상을 나타낸다. 이러한 양상은 신경성 식욕부진증 없이 상당한 영양 결핍을 보이는 사람에게서도 관찰되기 때문에, 이러한 우울 양상들 가운데 많은 부분은 준기아 상태의 생리적 후유증으로 인한 이차적인 것일 수 있다. 따라서 주요우울장애로 추가 진단을 내리기 위해서는 엄격한 검토가 따라야 할 것이다.

강박적 양상은 음식과 관계가 있든 없든 흔히 현저하게 나타난다. 신경성 식욕부진증이 있는 사람들의 대부분은 음식 생각에 집착한다. 어떤 사람들은 요리법을 모으거나 음식을 비축해 둔다. 굶주림과 관련된 행동들을 관찰해 보면, 음식과 관련된 강박행동과 강박사고가 영양 부족에 의해 악화되는 것을 알 수 있다. 신경성 식욕부진증이 있는 사람들이 보이는 강박사고와 강박행동이 음식, 체형 혹은 체중에 관련되어 있지 않다면, 추가로 강박장애 진단이 내려질 수 있다.

신경성 식욕부진증과 연관되어 나타나는 다른 양상으로는 공공장소에서 먹는 것에 대한 걱정, 무능력한 느낌, 주변의 환경을 통제하고 싶은 강한 욕구, 경직된 사고, 사회적 자발성의 결여, 그리고 과도하게 억제된 정서 표현 등이 포함된다. 제한형 신경성 식욕부진증이 있는 사람들에 비해 폭식/제거형의 사람들이 충동성 문제와 알코올 및 기타 약물남용과 같은 문제를 보이는 경우가 더 많다.

신경성 식욕부진증이 있는 사람들의 일부 집단은 지나치게 과도한 신체활동을 보인다. 신체활동의 증가는 주로 장애의 발병 전에 나타나고, 장애 경과 동안 증가된 활동은 체중 감소를 가속화한다. 치료 기간에는 과도한 활동을 통제하기 어려울 수 있기 때문에 체중 회복이 어렵게 된다.

신경성 식욕부진증이 있는 사람들은 복용량 조작과 같은 행동을 통해 체중 감소를 성공시키거나 체중 증가를 막기 위해 치료약물을 오용하기도 한다. 진성 당뇨병을 가진 환자의 경우, 탄수화물 대사를 최소화하기 위해 인슐린 투여를 생략하거나 투여량을 줄이기도 한다.

유병률

젊은 여성들 사이의 신경성 식욕부진증의 12개월간 유병률은 대략 0.4%다. 남성의 유병률은 알려져 있지 않지만, 신경성 식욕부진증은 남성이 여성에 비해 훨씬 적게 나타난다. 일반적으로 임상 집단에서 여성 대 남성의 비율은 대략 10:1로 나타난다.

발달과 경과

신경성 식욕부진증은 보통 청소년기 혹은 성인기 초기에 시작된다. 이 장애는 사춘기 이전 또는 40세 이후에는 거의 발병되지는 않지만, 조발성 또는 만발성 사례들이 발견되었다. 이 장애의 발병은 흔히 스트레스성 생활사건(예, 대학 진학을 위해 집 떠나기)과 연관성이 있다. 신경성 식욕부진증의 경과와 결과는 매우 가변적이다. 나이 어린 사람들은 "비만 공포증fat phobia" 부정을 포함한 비전형성 증상을 보일 수 있다. 나이가 든 사람들은 질병의 지속 기간이 좀 더 길 가능성이 높고, 임상적 양상으로 만성 장애의 징후와 증상을 나타낸다. 임상가는 연령이 높다는 근거만으로 신경성 식욕부진증을 감별진단에서 배제해서는 안 된다.

많은 사람들이 장애의 모든 진단기준에 부합되기에 앞서 섭식행동의 변화 단계를 거친다. 신경성 식욕부진증이 있는 사람들의 일부는 단일 삽화 후에 완전히 회복되는가 하면, 증상 재발로 인해 체중 증가의 변동을 보이는 사람들도 있다. 또 다른 사람들은 여러 해에 걸쳐 만성 경과를 경험하기도 한다. 체중 회복과 의학적 합병증에 대한 경고를 위해 입원이 꼭 필요한 경우도 있다. 신경성 식욕부진증이 있는 사람들 대부분은 5년의 발현 기간 내에 관해를 경험한다. 병원에 입원한 사람들의 경우, 전반적인 관해율은 보다 낮을 수 있다. 신경성 식욕부진증으로 인한 자연사망률crude mortality rate(CMR)은 10년에 5% 정도다. 사망은 대부분 장애 자체와 연관된 의학적 합병증이나 자살이 원인이다.

위험 및 예후 요인

기질적. 불안장애로 발달되거나 아동기의 강박적 특성을 보이는 사람들은 신경성 식욕부진증을 발달시킬 위험성이 높다.

환경적. 신경성 식욕부진증의 유병률에서 역사적 · 비교문화적 가변성에 의하면, 이 장애는 날씬함의 가치를 높이 사는 문화와 환경과 연관성이 있다. 날씬함을 조장하는 직업과 여가활동(예, 모델 활동, 엘리트 스포츠) 역시 장애 발생의 위험성 증가와 연관성이 있다.

유전적 · 생리적. 일차 친족들 중 이 장애가 있는 사람들이 있을 경우, 신경성 식욕부진증과 신경성 폭식증의 발병 위험성이 높다. 신경성 식욕부진증이 있는 사람이 일차 친족에 있을 경우, 양극성장애와 우울장애의 발병 위험성 역시 높아진다. 특히 폭식/제거형인 경우, 위험성이 더 높다. 신경성 식욕부진증은 일란성 쌍생아가 이란성 쌍생아에 비해 일치율이 유의하게 높다. 뇌영상 기법(fMRI, PET)을 사용한 연구결과, 신경성 식욕부진증에서 일련의 뇌 이상이 관찰되었다. 이러한 기질적 이상이 영양실조와 연관된 변화인지, 아니면 이 장애와 연관된 일차적 비정상성을 반영하는 것인지는 확실치 않다.

문화와 관련된 진단적 쟁점

신경성 식욕부진증은 문화와 사회를 통틀어 다양한 인구 집단에서 발생한다. 하지만 지금까지의 증거에 의하면, 이 장애의 발생과 발현에는 비교문화적 다양성이 존재한다. 신경성 식욕부진증은 이미 산업화된 고소득 국가(예, 미국, 여러 유럽 국가, 호주, 뉴질랜드, 일본)에서 가장 발병률이 높다. 그러나 저소득 또는 중간소득 국가에서의 발병률은 확실치 않다. 반면, 미국 내 라틴계 · 아프리카계 · 아시아계 미국인들의 경우, 신경성 식욕부진증의 발병률은 비교적 낮은 것으로 보인다. 임상가들은 이러한 민족들이 섭식장애로 정신건강 서비스를 활용하는 비율이 현저하게 낮다는 사실과 이렇게 낮은 비율은 확인 편향ascertainment bias(*역자 주. 자신의 세계관과 일치하는 정보만을 받아들이는 경향성)을 반영하는 것임을 유념해야 한다. 섭식 및 급식 장애가 있는 사람들이 체중을 걱정하는 표현 양상은 문화적인 맥락에 따라 다르다. 체중 증가에 대한 극심한 두려움 표출 결여(때로 "비만공포증fat phobia"으로 불림)는 아시아 인구 집단에서 비교적 더 흔히 나타난다. 아시아에서 식사 제한의 이유는 흔히 문화적으로 허용되는 형태로 나타난다(예, 위장의 불편감). 미국 내에서 체중 증가에 대한 극심한 공포 표현이 없는 증상 발현은 라틴계 집단에서 비교적 더 흔하다.

진단적 표지자

신경성 식욕부진증에 관찰될 수 있는 검사실 이상 소견은 다음과 같다. 이러한 이상 소견들은 진단의 신뢰성 증진에 도움이 될 것이다.

혈액학hematology. 백혈구 감소leukopenia가 흔하며, 모든 종류의 세포 손실과 흔히 명백한 림프구 증가가 관찰된다. 가벼운 빈혈이 생길 수 있으며, 혈소판 감소thrombocytopenia뿐 아니라 드물게 출혈문제가 일어날 수 있다.

혈청화학치serum chemistry. 탈수증이 증가된 혈중 요소 질소에 의해 나타날 수 있다. 고콜레스테롤혈증hypercholesterolemia이 흔하게 나타난다. 간 효소hepatic enzyme가 증가될 수 있다. 저마그네슘증hypomagnesemia, 저아연증hypozincemia, 저인산증hypophosphatemia, 고아밀라아제증hyperamylase- mia 소견도 종종 관찰된다. 자기유도식 구토는 대사성 알칼리증metabolic alkalosis(혈청 중 탄산염의 증가), 저염소혈증hypochloremia, 저칼륨증hypokalemia을 일으킬 수 있다. 하제 남용은 가벼운 대사성 산증metabolic acidosis을 유발할 수 있다.

내분비계endocrine. 혈청 티록신serum thyroxine(T4) 수준은 일반적으로 낮은-정상 범위에 있다. 트리요오드티로닌triiodothyronine(T3)(***역자 주**. 갑상선 호르몬의 일종으로, 티로닌이라고도 불림) 수준은 감소하며, 반면에 역T3의 수준은 증가한다. 여성은 낮은 혈청 에스트로겐 수치를 보이는 반면, 남성은 낮은 수준의 혈청 테스토스테론 수치를 보인다.

심전도 검사electrocardiography. 동서맥sinus bradycardia이 흔하게 관찰되며, 부정맥arrhythmias은 드물게 기록된다. 일부 사람에게서는 QTc 간격interval의 현저한 증가가 관찰된다.

골량bone mass. 낮은 골밀도가 흔히 보이며, 동시에 특정 영역에서 골연화증osteopenia 혹은 골다공증osteoporosis이 나타난다. 골절의 위험성이 현저하게 증가한다.

뇌파검사electroencephalography. 대사성 뇌병증metabolic encephalopathy을 나타내는 전반적 이상이 현저한 수분 및 전해질 장해를 초래할 수 있다.

휴식기 에너지 소모. 흔히 휴식기 에너지 소모가 현저하게 감소한다.

신체 징후와 증상. 신경성 식욕부진증의 많은 신체 징후와 증상은 기아로 인한 것이다. 무월경amenorrhea은 흔한 증상으로, 생리적 기능이상의 지표로서 나타난다. 무월경은 보통 체중 감소의 결과로 나타나지만, 소수의 사람들은 체중이 감소하기 전부터 발생했을 수도 있다. 사춘기 이전의 여성은 초경이 늦춰질 수 있다. 무월경 외에도 변비, 복통, 추위에 대한 내성 저하, 무기력증, 과잉 에너지 등의 호소가 있을 수 있다.

대부분의 신체검진에서 두드러지는 결과는 쇠약해지는 것이다. 흔히 심한 저혈압, 저체온, 서맥이 발생한다. 체모가 가느다란 솜털 같이 변하는 사람들이 있는가 하면, 말초부종이 생기는 사람들도 있다. 이는 특히 체중이 회복되는 과정 또는 하제와 이뇨제 남용을 중단했을 때 나타난다. 드물게는 보통 사지에 점상출혈

[petechiae]이나 반상출혈[ecchymoses]과 같은 출혈성 소인을 나타내기도 한다. 어떤 사람들은 과카로틴혈증[hypercarotenemia]과 연관되어 피부가 노랗게 변하는 증상을 보인다. 신경성 폭식증이 있는 사람들에게서 볼 수 있는 것처럼, 자기유도식 구토를 하는 신경성 식욕부진증이 있는 사람들은 침샘, 특히 귀밑샘의 비대 증상을 보일 뿐만 아니라 치아의 법랑질에 침식이 일어난다. 어떤 사람들은 구토를 유도하는 동안 치아와의 반복적인 접촉으로 손등에 상처나 굳은살이 생기기도 한다.

자살 위험

자살 위험은 신경성 식욕부진증에서 높은데, 연간 10만 명 중 12명이 자살하는 것으로 알려졌다. 신경성 식욕부진증이 있는 사람들에 대한 종합평가에는 자살 관련 사고와 행동뿐 아니라 다른 자살 위험성에 대한 평가가 이뤄져야 하며, 자살시도 과거력도 포함해서 평가를 진행해야 한다.

신경성 식욕부진증의 기능적 결과

신경성 식욕부진증이 있는 사람들은 장애와 연관성이 있는 기능 제한을 나타낸다. 일부 환자들의 경우, 사회적 · 전문적 기능은 활발히 유지하지만, 그렇지 않은 경우 현저한 사회적 고립 및/또는 학업적 또는 직업적 잠재력의 실패를 보여 준다.

감별진단

심한 저체중 혹은 심한 체중 감소를 야기하는 다른 가능성과 신경성 식욕부진증을 감별하기 위해 고려해야 할 상황들이 있는데, 특히 비전형적인 양상의 경우 더욱 주의해야 한다(예, 40세 이후 발병).

기타 의학적 상태(예, 위장관 질환, 갑상선기능항진증, 잠재성 종양 및 후천성면역결핍증후군[AIDS]). 심한 체중 감소는 의학적 상태에서 나타날 수 있다. 그러나 이러한 장애가 있는 사람은 일반적으로 체중 혹은 체형을 경험하는 방식에서의 장애나, 체중 증가에 대한 극심한 두려움, 혹은 체중 증가를 막는 지속적 행동이 나타나지 않는다. 의학적 상태로 인한 급격한 체중 감소는 때로 신경성 식욕부진증의 발병이나 재발로 이어질 수 있다. 이런 경우, 동반이환되는 의학적 상태로 인해 발병 초기에는 신경성 식욕부진증이 감춰질 수도 있다. 드물게 비만 치료를 위한 비만 수술 이후 신경성 식욕부진증이 발생할 수 있다.

주요우울장애. 주요우울장애에 있어서는 심한 체중 손실이 발생할 수 있다. 그러나 주요우울장애가 있는 사람들 대부분은 과도한 체중 감소에 대한 욕구나 체중 증가에 대한 극심한 두려움은 없다.

조현병. 조현병이 있는 사람들은 특이한 섭식행동을 보이고, 때로 뚜렷한 체중 감소를 경험한다. 그러나 이들은 신경성 식욕부진증 진단의 필수요건인 체중 증가에 대한 두려움이나 신체상에 대한 장해를 거의 보이지 않는다.

물질사용장애. 물질사용장애가 있는 사람들은 빈약한 영양 섭취로 인해 저체중을 경험할 수 있다. 그러나 일반적으로 체중 증가에 대한 두려움을 느끼지 않으며, 신체상에 대한 장해를 보이지 않는다. 식욕을 감퇴시키는 약물(예, 코카인, 자극제)을 남용하면서, 체중 증가의 두려움 표출이 확실시되는 환자들은 동반이환되는 신경성 식욕부진증의 가능성에 대해 조심스럽게 평가해야 한다. 왜냐하면 물질 사용이 체중 증가를 방해하는 지속적 행동의 표현일 수 있기 때문이다.

사회불안장애(사회공포증), 강박장애, 신체이형장애. 신경성 식욕부진증의 일부 양상은 사회공포증, 강박장애, 신체이형장애의 진단기준과 겹친다. 특히, 사회공포증의 경우에는 공공장소에서 식사할 때 수치감 또는 당혹감을 느끼거나, 강박장애의 경우에는 음식과 관련된 강박사고나 강박행동을 보이거나, 신체이형장애의 경우에는 외모에 대한 상상적인 결점에 사로잡힐 수 있다. 신경성 식욕부진증이 있는 사람이 단지 섭식행동에만 한정된 사회적 공포가 있는 경우에는 사회공포증 진단을 내려서는 안 된다. 그러나 사회적 공포가 섭식행동과 관련이 없을 경우(예,

여러 사람 앞에서 말하는 것에 대한 극심한 공포) 사회공포증의 추가 진단이 타당할 수 있다. 마찬가지로, 강박장애의 추가 진단은 강박사고와 강박행동이 음식과 관련이 없는 경우에 한해서 고려되어야 한다(예, 오염에 대한 극심한 공포). 또한 신체이형장애의 추가 진단은 체형과 크기와 관련이 없는 왜곡이 있을 경우에 한해서 고려되어야 한다(예, 자신의 코가 너무 크다는 사고에 대한 집착).

신경성 폭식증. 신경성 폭식증이 있는 사람은 반복적인 폭식 삽화를 보이고, 체중 증가를 피하기 위한 부적절한 행동(예, 스스로 구토를 유도하는 행동)을 하며, 체형과 체중에 대한 과도한 걱정을 한다. 그러나 신경성 식욕부진증의 폭식/제거형 환자와는 달리 신경성 폭식증 개인은 최소한 정상 수준이나 그 이상의 체중을 유지한다.

회피적/제한적 음식섭취장애. 이 장애가 있는 사람들은 현저한 체중 감소 또는 현저한 영양학적 결핍을 보이지만, 체중 증가나 비만에 대한 공포가 없고, 체형과 체중을 경험하는 방식에서 장해가 없다.

동반이환

양극성장애, 우울장애, 불안장애는 흔히 신경성 식욕부진증과 동반이환된다. 신경성 식욕부진증이 있는 많은 사람들은 섭식장애 발병 이전부터 불안장애나 증상이 있었다고 보고한다. 강박장애[OCD]는 일부 신경성 식욕부진증이 있는 사람들에게서 보고되는데, 특히 제한형에 속하는 사람들에게서 나타난다. 알코올사용장애와 다른 물질사용장애 역시 신경성 식욕부진증과 동반이환되는데, 특히 폭식/제거형에 속하는 사람들의 경우에 그렇다.

신경성 폭식증

Bulimia Nervosa

진단기준	307.51 (F50.2)

A. 반복되는 폭식 삽화. 폭식 삽화는 다음 2가지로 특징지어진다.

1. 일정 시간 동안(예, 2시간 이내) 대부분의 사람이 유사한 상황에서 동일한 시간 동안 먹는 것보다 분명하게 많은 양의 음식을 먹음
2. 삽화 중에 먹는 것에 대한 조절능력의 상실감을 느낌(예, 먹는 것을 멈출 수 없거나, 무엇을 혹은 얼마나 많이 먹어야 할 것인지를 조절할 수 없는 느낌)

B. 체중 증가를 막기 위한 반복적이고 부적절한 보상행동, 예를 들면 스스로 유도한 구토, 이뇨제, 관장약, 다른 치료약물의 남용, 금식 혹은 과도한 운동 등이 나타난다.

C. 폭식과 부적절한 보상행동이 둘 다, 평균적으로 적어도 3개월 동안 일주일에 1회 이상 일어난다.

D. 체형과 체중이 자기평가에 과도하게 영향을 미친다.

E. 이 장애가 신경성 식욕부진증의 삽화 기간에만 발생하지 않는다.

다음의 경우 명시할 것:

부분 관해 상태: 이전에 신경성 폭식증의 진단기준을 전부 만족시켰으며, 현재는 기준의 일부를 만족시키는 상태가 유지되고 있다.

완전 관해 상태: 이전에 신경성 폭식증의 진단기준을 전부 만족시켰으며, 현재는 어떠한 기준도 만족시키지 않는 상태가 유지되고 있다.

현재의 심각도를 명시할 것:

심각도의 최저 수준은 부적절한 보상행동(다음을 참조할 것)의 빈도를 기반으로 하고 있다. 심각도 수준은 다른 증상 및 기능적 장애의 정도를 반영하여 증가할 수 있다.

경도: 평균적으로 일주일에 1~3회의 부적절한 보상행동 삽화가 있다.

중등도: 평균적으로 일주일에 4~7회의 부적절한 보상행동 삽화가 있다.

고도: 평균적으로 일주일에 8~13회의 부적절한 보상행동 삽화가 있다.

극도: 평균적으로 일주일에 14회 이상의 부적절한 보상행동 삽화가 있다.

진단적 특징

신경성 폭식증에는 다음 3가지 핵심적인 특징이 있다. 즉, ① 반복되는 폭식 삽화(진단기준 A), ② 체중 증가를 막기 위한 반복되는 부적절한 보상행동(진단기준 B),

③ 체형과 체중이 자기평가에 과도하게 영향을 미친다(진단기준 D)는 특징이 있다. 이 진단을 내리기 위해서는 폭식과 부적절한 보상행동이 평균적으로 최소 지난 3개월 동안 주당 1회 이상 있어야 한다(진단기준 C).

"폭식binge-eating 삽화"는 일정 시간 동안 대부분의 사람이 유사한 상황에서 동일한 시간 동안 먹는 것보다 분명하게 많은 양의 음식을 먹는 것으로 정의된다(진단기준 A1). 섭식을 하는 맥락은 이러한 섭취가 과도한지에 대한 임상가의 평가에 영향을 미칠 수 있다. 예를 들어, 전형적인 식사에서 과도하다고 간주되는 식사량도 축하연이나 휴일 식사에서는 정상으로 간주될 수 있다. "일정시간discrete period of time"은 보통 2시간 이내의 제한된 기간을 의미한다. 단일 폭식 삽화는 한 가지 상황에만 국한시킬 필요는 없다. 예를 들어, 개인은 식당에서 폭식을 시작해서 집에 돌아온 후에도 계속해서 폭식할 수 있다. 하루 종일 소량의 가벼운 식사를 계속하는 경우에는 폭식으로 간주되지 않는다.

과도한 음식 섭취가 나타날 때, 폭식 삽화로 간주되려면 조절능력의 상실감(진단기준 A2)이 반드시 동반되어야 한다. 폭식으로 간주되기 위한 조절능력 상실의 지표는 음식 섭취 자제 불능 또는 일단 먹기 시작하면 멈출 수 없게 되는 것이다. 일부 사람들은 폭식 삽화 도중 혹은 삽화 후에 해리 상태를 보고하기도 한다. 폭식과 관련된 조절능력의 손상이 절대적이지는 않을 수 있다. 예를 들어, 개인에 따라서는 전화벨이 울려도 폭식을 계속하다가도, 룸메이트나 배우자가 예기치 않게 방에 들어오면 이를 중단하기도 한다. 일부 환자들은 자신들의 폭식 삽화가 더 이상 급성 조절능력의 상실감보다는 보다 일반화된 통제되지 않는 섭식 패턴이 특징이라고 보고한다. 만약 환자들이 섭식 통제 노력을 포기했다고 보고한다면, 조절능력의 상실이 현재 존재하는 것으로 간주되어야 한다. 또한 폭식은 어떤 경우에는 계획된 것일 수도 있다.

폭식과정에서 섭취하는 음식의 유형은 사람들 및 사람 내에서도 다양하다. 폭식은 특정 영양소에 대한 갈망보다는 비정상적인 음식 섭취량이 특징인 것으로 보인다. 그러나 폭식 기간에 사람들은 평소라면 피했을 음식을 먹는 경향이 있다.

신경성 폭식증이 있는 사람들은 보통 자신들의 섭식문제를 수치스러워하며 증상을 숨기려는 경향이 있다. 그래서 폭식은 보통 가능한 한 비밀스럽고 눈에 띄지 않게 일어나고, 흔히 불편하거나 심지어 고통스러울 정도로 배부를 때까지 계속된다. 가장 일반적인 폭식의 선행 사건은 부정적 정동이며, 다른 촉발요인으로는 대인관계 스트레스 요인, 식이 규제, 체중, 체형, 음식과 관련된 부적 감정, 지루함 등이 있다. 폭식은 단기적으로 폭식 삽화를 유발시키는 요인들을 최소화 또는 완화시킬 수 있지만, 흔히 부정적인 자기평가나 불쾌감이 뒤따른다.

신경성 폭식증의 또 다른 핵심적인 특징은 체중 증가를 막기 위한 제거행동으로, 반복적으로 부적절한 보상행동을 하는 것이다(진단기준 B). 신경성 폭식증이 있는 많은 사람이 폭식을 보상하기 위한 시도로서 다양한 방법을 시도한다. 구토는 가장 흔히 나타나는 부적절한 보상행동이다. 구토는 즉각적으로 신체적 불편감과 체중 증가에 대한 공포심을 경감시키는 효과를 나타낸다. 일부 사례에서는 구토 자체가 목적이 되는데, 사람들은 구토하기 위한 목적으로 폭식을 하거나 아주 적은 양의 음식만 먹은 후에도 구토를 한다. 신경성 폭식증이 있는 사람들은 구토를 유도하기 위해 다양한 방법을 사용하는데, 구역 반사^gag reflex^를 유도하기 위해 손가락이나 도구를 사용한다. 이들은 일반적으로 구토를 유도하는 데 익숙해져서 결국에는 자신의 의지만으로 구토할 수 있게 된다. 드물게는 구토를 유도하기 위해 토근^ipecac^ 시럽을 사용하기도 한다. 다른 제거행동들에는 하제와 이뇨제의 남용이 포함된다. 다른 몇몇 보상행동이 드문 경우에서 사용되기도 한다. 이 장애가 있는 사람들 중에는 폭식 후 관장제를 남용하기도 하지만, 이 방법이 유일한 보상방법으로 사용되는 경우는 드물다. 이 장애가 있는 사람들은 체중 증가를 피하기 위해 갑상선 호르몬을 복용하기도 한다. 당뇨병과 함께 신경성 폭식증이 있는 사람들은 폭식 동안 음식의 대사 감소를 위해 인슐린 투여량을 줄이거나 생략하기도 한다. 신경성 폭식증이 있는 사람들은 폭식을 보상하기 위해 하루 또는 그 이상 금식하거나 과도하게 운동을 하기도 한다. 운동이 다른 중요한 활동을 심각하게 방해하거나, 부적절한 시간 · 상황에서 일어날 때, 혹은 부상이나 다른 의학적 합병증에도 불구하고 운동이 지속될 때, 과도하다고 간주된다.

신경성 폭식증이 있는 사람들은 자기평가에서 체형과 체중을 지나치게 강조하며, 이러한 요인이 자존감 결정에 있어서 가장 중요하다(진단기준 D). 이 장애가 있는 사람들은 체중 증가를 두려워하고, 체중 감소를 원하며, 자신들의 신체에 대해 만족하지 못한다는 점이 신경성 식욕부진증과 유사하다. 그러나 이러한 장해가 단지 신경성 식욕부진증의 삽화 동안에만 발생하였을 경우, 신경성 폭식증의 진단이 내려져서는 안 된다(진단기준 E).

진단을 뒷받침하는 부수적 특징

신경성 폭식증을 지닌 사람들은 전형적으로 정상 혹은 과체중 범위에 있다(성인 기준으로 BMI 18.5에서 30 사이). 비만인 사람들에게 이 장애가 발생하지 않는 것은 아니지만 드문 편이다. 폭식과 폭식 사이에, 신경성 폭식증이 있는 사람들은 전형적으로 총 칼로리 섭취량을 제한하고, 살찌거나 폭식을 유발한다고 인식하는 음식을 피하는 동시에, 저칼로리 음식(다이어트식)을 우선적으로 선택한다.

불규칙한 월경 또는 무월경이 흔히 신경성 폭식증이 있는 여성에게서 발생한다. 그러나 이러한 장해가 체중 변동, 영양 결핍, 또는 정서적 긴장과 관련이 있는지는 확실치 않다. 제거행동으로 인한 수분 및 전해질 장해는 매우 심각해서 의학적으로 중대한 문제가 되기도 한다. 드물지만, 치명적일 수 있는 합병증에는 식도 열상esophageal tears, 위 파열gastric rupture, 심부정맥cardiac arrhythmias 등이 있다. 심한 심장 및 골격근 질환이 구토를 유발하기 위해 토근 시럽을 반복적으로 사용하는 사람들에게서 보고되었다. 변비약을 만성적으로 남용한 사람들은 장운동을 자극하기 위해 변비약에 의존하게 될 수 있다. 신경성 폭식증은 흔히 위장 증상들과 관련되어 있으며, 직장탈출증rectal prolapse이 이 장애가 있는 사람들에게서 보고되었다.

유병률

젊은 여성에서 신경성 폭식증의 12개월 유병률은 1~1.5%다. 시점 유병률point

prevalence은 초기 성인에서 가장 높으며, 남성의 시점 유병률에 대해서는 덜 알려져 있으나, 신경성 폭식증은 남성보다는 여성에서 훨씬 흔하다. 남성의 유병률은 여성의 약 1/10이다.

발달과 경과

신경성 폭식증은 흔히 청소년기 혹은 성인기 초기에 시작된다. 사춘기 이전 발병이나 40세 이후 발병은 드물다. 폭식은 다이어트 중 또는 후에 흔히 시작되며, 다수의 스트레스를 유발하는 생활사건 경험 또한 신경성 폭식증의 발병을 유발할 수 있다.

임상 증례의 높은 비율에서 이상 섭식행동이 최소한 몇 년간 지속된다. 경과는 만성적이거나 간헐적인데, 관해 기간과 폭식 재발이 반복된다. 그러나 장기추적 연구에 의하면, 치료가 임상결과에 명확하게 영향을 미치기는 하지만, 많은 사람의 증상이 치료를 받든 받지 않든 감소한 것으로 나타났다. 또한 관해 기간이 1년 이상일 때 더 좋은 장기적 성과를 기대할 수 있다.

유의하게 증가된 사망률(제반 원인과 자살)이 신경성 폭식증이 있는 사람들에게서 보고되어왔다. 신경성 폭식증에서의 사망률(CMR)은 10년 동안 2% 정도였다.

초기 신경성 폭식증에서 신경성 식욕부진증으로 교차 진단이 내려지는 경우는 전체 사례에서 일부다(10~15%). 신경성 식욕부진증을 교차 경험하게 되는 사람은 신경성 폭식증으로 되돌아가거나 두 장애를 복합적으로 갖게 된다. 폭식을 계속하지만 더 이상 부적절한 보상행동을 하지 않는 사람들의 경우는 그들의 증상이 폭식장애 혹은 달리 명시된 섭식장애의 진단기준에 맞게 된다. 진단은 현재 임상적 증상을 기준으로 내려져야 한다(예, 지난 3개월).

위험 및 예후 요인

기질적. 체중에 대한 염려, 낮은 자존감, 우울 증상, 사회불안장애, 아동기의 과잉불안장애는 신경성 폭식증 발병의 위험성 증가와 연관성이 있다.

환경적. 날씬한 몸을 이상적 기준으로 내재화하는 것은 체중에 대한 염려의 위험성을 증가시키는 것으로 알려져 왔고, 이는 신경성 폭식증의 발병 위험을 증가시킨다. 아동기에 성적 · 신체적 학대를 경험한 사람들은 신경성 폭식증을 경험할 위험이 높다.

유전적 · 생리적. 아동기 비만과 이른 사춘기 성숙은 신경성 폭식증 위험을 증가시킨다. 신경성 폭식증의 가계 전달은 물론 유전적 취약성 또한 존재한다.

경과의 변경인자. 동반된 정신과 질환의 심각도는 신경성 폭식증의 나쁜 장기적 결과를 예측한다.

문화와 관련된 진단적 쟁점

신경성 폭식증은 미국, 캐나다, 많은 유럽 국가, 호주, 일본, 뉴질랜드, 남아프리카 등의 대부분의 산업화된 국가에서 대략적으로 유사한 빈도로 발생하는 것으로 보고되었다. 미국의 신경성 폭식증에 대한 임상연구에서 이 장애가 나타난 사람들은 주로 백인이었다. 그러나 이 장애는 다른 민족 집단에서도 나타나며, 백인 표본에서 관찰된 추정된 유병률에 필적할 만한 유병률을 보인다.

성별과 관련된 진단적 쟁점

신경성 폭식증은 남성보다 여성에서 훨씬 더 흔하다. 남성은 특히 치료를 찾는 표본에서 소수이고, 아직 체계적으로 연구되지 못하고 있다.

진단적 표지자

현재 신경성 폭식증에 관한 구체적인 진단검사는 존재하지 않는다. 하지만 몇몇 진단검사적 이상 소견이 제거의 결과로 나타날 수 있고, 이를 이용하면 진단적 확실성을 높일 수 있다. 여기에는 저칼륨증(심장 부정맥을 유발할 수 있음), 저염소혈증, 저나트륨혈증과 같은 체액과 전해질 이상이 포함된다. 구토로 인한 위산 손실은 대사성 염기증(상승된 혈청 중탄산염)을 유발할 수 있고, 잦은 설사 유도와 변비약과 이뇨제 남용은 대사성 산증을 일으킬 수 있다. 신경성 폭식증이 있는 사람들 중에는 혈청 아밀라아제 수준이 경미하게 상승되기도 하는데, 이는 침의 동위효소 상승을 반영하는 결과로 추정된다.

신체검진은 보통 아무런 신체적 이상을 찾아내지 못한다. 그러나 입을 검사하면 반복적인 구토 때문에 특히 앞니의 설면에서 현저하고 영속적인 치아 법랑질 손상이 관찰될 수 있다. 이런 치아는 조각나거나 "벌레 먹은 것"처럼 너덜너덜하게 보인다. 또한 충치가 증가한다. 일부 사람의 경우는 침샘, 특히 이하선이 눈에 띄게 확장되어 있다. 손으로 구역 반사를 자극함으로써 구토를 유도하는 사람들은 반복되는 치아와의 접촉 때문에 손등 부분에 굳은살이나 상처가 발생할 수도 있다. 구토를 유도하기 위해 토근 시럽을 반복적으로 사용한 환자들에게서 심한 심장과 골격의 근육병이 보고되어 왔다.

자살 위험

신경성 폭식증 환자들은 자살 위험이 높다. 이 장애가 있는 사람들에 대한 종합적인 평가는 자살시도 과거력을 포함하여 자살에 관한 다른 위험요인뿐만 아니라 자살 관련 사고, 그리고 자살행동에 대한 평가를 포함해야 한다.

신경적 폭식증의 기능적 결과

신경성 폭식증을 가진 사람들은 이 장애와 연관된 여러 기능적 제한을 보일 수 있다. 소수의 사람들은 신경성 폭식증에 의해 사회생활에 악영향을 받으며, 심각한 역할 손상을 보고한다.

감별진단

신경성 식욕부진증, 폭식/제거형. 신경성 식욕부진증 기간에만 폭식행동을 나타내는 사람들은 신경성 식욕부진증 진단을 받게 된다. 폭식/제거형의 경우 역시 추가로 신경성 폭식증의 진단이 내려져서는 안 된다. 폭식과 제거를 하는 사람들 중 초기에 신경성 식욕부진증 진단을 받았지만 더 이상 신경성 식욕부진증, 폭식/제거형의 전체 진단기준을 만족시키지 못하게 되는 경우(즉, 체중이 정상인 경우), 최소 지난 3개월 동안 신경성 폭식증의 진단기준을 전부 만족시키는 경우에만 신경성 폭식증 진단을 다시 내리게 된다.

폭식장애. 폭식을 하지만 부적절한 보상행동을 일정하게 하지 않는 사람의 경우, 폭식장애 진단이 적절하다.

클라인-레빈 증후군. 클라인-레빈 증후군Kleine-Levin syndrome 같은 특정 신경학적 또는 기타 의학적 장애의 경우 섭식행동에 장해가 있을 수 있으나, 체형이나 몸무게에 대한 과도한 걱정 같은 신경성 폭식증의 심리적 특징들은 나타나지 않는다.

주요우울장애, 비전형적 양상 동반. 과식은 흔히 주요우울장애의 비전형적인 특징으로 나타난다. 그러나 이러한 사람들은 부적절한 보상행동에 몰입하지 않으며, 신경성 폭식증의 특징인 체형과 몸무게에 대한 과도한 걱정 또한 특징적으로 나타내지 않는다. 만약 두 장애 모두 진단기준이 충족되는 경우, 두 장애의 진단이 동시에 내려질 수 있다.

경계성 성격장애. 폭식행동은 경계성 성격장애의 주요 특징인 충동적인 행동의 정의에 포함될 수 있다. 만약 두 장애 모두 진단기준이 충족되는 경우, 두 장애 진단이 동시에 내려질 수 있다.

동반이환

다른 정신장애들과의 동반이환은 신경성 폭식증이 있는 사람들에게서 흔하다. 최소 한 개에서 여러 개의 동반질환을 경험하기도 하는데, 동반이환은 특정한 좁은 영역에 한정되어 나타나지 않고 넓은 정신질환의 범주 안에서 나타난다. 신경성 폭식증이 있는 사람들에게서 우울 증상(예, 낮은 자존감) 및 양극성장애 또는 우울장애들의 빈도가 높다. 많은 경우, 기분장애는 신경성 폭식증의 발달과 함께 또는 곧이어 시작되며, 사람들은 자신들의 우울장애를 신경성 폭식증 때문으로 돌리게 된다. 그러나 일부 사람들의 경우, 기분장애가 명확하게 신경성 폭식증에 선행하기도 한다. 또한 불안장애 혹은 불안 증상의 비율 또한 증가하게 되는데, 이러한 기분 및 불안 장애는 신경성 폭식증의 치료에 영향을 끼치게 된다. 물질사용, 특히 알코올 또는 자극제 사용 유병률은 신경성 폭식증이 있는 사람들에게서 최소 30% 정도다. 자극제 사용은 종종 식욕과 몸무게를 통제하려는 시도로서 시작된다. 신경성 폭식증이 있는 사람들 중 상당한 비율이 한 가지 또는 그 이상의 성격장애 진단기준에도 부합되는데, 가장 높은 빈도는 경계성 성격장애다.

폭식장애

Binge-Eating Disorder

진단기준 **307.51 (F50.8)**

A. 반복되는 폭식 삽화. 폭식 삽화는 다음과 같이 특징지어진다.

1. 일정 시간 동안(예, 2시간 이내) 대부분의 사람이 유사한 상황에서 동일한 시간 동안 먹는 것보다 분명하게 많은 양의 음식을 먹음
2. 삽화 중에 먹는 것에 대한 조절능력의 상실을 느낌(예, 먹는 것을 멈출 수 없거나, 무엇을 혹은 얼마나 많이 먹어야 할 것인지를 조절할 수 없는 느낌)

B. 폭식 삽화는 다음 중 3가지(혹은 그 이상)와 연관된다.

1. 평소보다 많은 양을 급하게 먹음
2. 불편하게 배가 부를 때까지 먹음
3. 신체적으로 배고프지 않은데도 많은 양의 음식을 먹음
4. 얼마나 많이 먹는지에 대한 부끄러운 느낌 때문에 혼자서 먹음
5. 폭식 후 스스로에 대한 역겨운 느낌, 우울감 혹은 큰 죄책감을 느낌

C. 폭식으로 인해 현저한 고통이 있다고 여겨진다.

D. 폭식은 평균적으로 최소 3개월 동안 일주일에 1회 이상 발생한다.

E. 폭식은 신경성 폭식증에서 관찰되는 것과 같은 부적절한 보상행동과 연관되어 있지 않으며 신경성 폭식증 혹은 신경성 식욕부진증의 기간에만 발생하지 않는다.

다음의 경우 명시할 것:

부분 관해 상태: 이전에 폭식장애의 진단기준을 전부 만족시켰으며, 현재 일정 기간에 평균적으로 일주일에 1회보다 적은 빈도로 발생하고 있다.

완전 관해 상태: 이전에 폭식장애의 진단기준을 전부 만족시켰으며, 현재 일정 기간에 어떠한 기준도 만족시키지 않는 상태가 유지되고 있다.

현재의 심각도를 명시할 것:

심각도의 최저 수준은 폭식행동(다음을 참조할 것)의 빈도를 기반으로 하고 있다. 심각도 수준은 다른 증상 및 기능적 장애의 정도를 반영하여 증가될 수 있다.

경도: 평균적으로 일주일에 1~3회의 부적절한 폭식행동 삽화가 있다.

중등도: 평균적으로 일주일에 4~7회의 부적절한 폭식행동 삽화가 있다.

고도: 평균적으로 일주일에 8~13회의 부적절한 폭식행동 삽화가 있다.

극도: 평균적으로 일주일에 14회 이상의 부적절한 폭식행동 삽화가 있다.

진단적 특징

폭식장애의 핵심적인 특징은 반복되는 폭식 삽화가 평균적으로 최소한 3개월 동안 주당 1회 이상 발생해야 한다(진단기준 D). "폭식 삽화"는 일정 기간에 대부분의 사람들이 유사한 상황에서 동일한 시간 동안 먹는 것보다 확실히 많은 양의 음식을 먹는 것(진단기준 A1)으로 정의된다. 음식을 먹게 되는 상황은 이러한 섭취가 과도한지 임상가가 판단하는 데 영향을 줄 수 있다. 예를 들면, 전형적인 식사에서는 과도한 식사량으로 간주되는 식사가 축하연 혹은 휴일 같은 경우에는 정상적일 수 있다. "일정 시간"은 일반적으로 2시간 이내의 제한된 기간을 의미한다. 단일 폭식 삽화를 한 상황에만 한정시킬 필요는 없다. 예를 들어, 개인은 식당에서 폭식하기 시작해서 집에 돌아온 후에도 계속 폭식을 할 수 있다. 하루 종일 소량의 가벼운 식사를 계속하는 경우에는 폭식으로 간주되지 않는다.

과도한 음식 섭취가 나타낼 때, 조절능력의 상실감이 반드시 동반된다(진단기준 A2). 폭식으로 여겨지기 위한 조절능력의 상실감이란 음식 섭취를 참을 수 없거나 한번 먹기 시작하면 멈출 수 없게 되는 것이다. 일부 사람은 폭식 삽화 도중 혹은 삽화 후에 해리 상태가 있음을 보고하기도 한다. 폭식과 관련된 조절능력의 손상이 절대적이지는 않을 수 있다. 예를 들어, 어떤 사람은 전화벨이 울리는 동안은 폭식을 계속하지만, 룸메이트 혹은 배우자가 갑작스럽게 방으로 들어오는 경우 이를 중단할 수도 있다. 일부 환자는 그들의 폭식 삽화가 더 이상 급성 조절능력의 상실로 특징지어지지 않으며, 좀 더 일반화된 통제되지 않는 섭식 패턴으로 특징지어진다고 보고했다. 만약 사람들이 그들이 음식 섭취를 통제하는 것을 포기해 버렸다고 보고한다면, 조절능력의 상실이 현재 존재하는 것으로 고려될 수 있다. 폭식은 또한 어떤 경우에는 계획되어 나타날 수도 있다.

폭식하는 음식의 종류는 개인별로, 그리고 개인 내에서도 다양하게 나타난다. 폭식은 특정 종류의 영양소에 대한 갈망보다는 비정상적인 음식 섭취의 양으로 특징지어지는 듯 보인다. 그러나 폭식 기간에 사람들은 평소라면 먹지 않았을 음식을 먹는 경향이 있다.

폭식은 현저한 고통으로 특징되어야 하며(진단기준 C), 최소한 다음 중 3개의 특징을 나타내게 된다. 평보소다 많은 양을 급하게 먹고, 불편하게 배가 부를 때까지 먹으며, 신체적으로 배고프지 않은데도 많은 양의 음식을 먹으며, 얼마나 많이 먹는가에 대한 부끄러운 느낌 때문에 혼자 먹는다. 끝으로 자기 자신에 대한 역겨운 느낌, 우울감 혹은 폭식 후에 과도한 죄책감을 느낀다(진단기준 B).

폭식장애가 있는 사람들은 전형적으로 자신들의 섭식문제를 부끄러워하며, 증상을 숨기려는 경향이 있다. 폭식은 일반적으로 가능한 한 비밀스럽고 눈에 띄지 않게 일어난다. 가장 일반적인 폭식의 선행 사건은 부정적 정동이며, 그 외에는 대인관계 스트레스, 음식 규제, 체중 및 체형과 관련된 부정적인 느낌, 지루함 등이 있다. 폭식은 일시적으로 폭식 삽화를 유발시키는 이러한 요인들을 경감시킬 수 있으나, 흔히 부정적인 자기평가나 불쾌감이 결과적으로 뒤따르게 된다.

진단을 뒷받침하는 부수적 특징

폭식장애는 정상 체중/과체중, 그리고 비만인 사람들에게서 나타난다. 이는 치료를 찾는 사람들에게서 과체중, 그리고 비만과 잘 연관된다. 그럼에도 불구하고 폭식장애와 비만은 별개다. 대부분의 비만인 사람은 반복적 폭식에 연루되지 않는다. 섭식행동에 대한 실험연구에서 체중을 일치시킨 폭식장애가 없는 비만인 사람과 비교하였을 때, 폭식장애가 있는 비만인 사람들은 더 많은 칼로리를 섭취했고, 더 큰 기능 손상, 낮은 삶의 질, 더 큰 주관적 고통, 그리고 더 많은 정신과적 동반질환을 겪는 것으로 나타났다.

유병률

미국 성인 여성과 남성(18세 이상) 중 폭식장애의 12개월 유병률은 각각 1.6%와 0.8%였다. 이런 성 비율의 차이는 폭식장애가 신경성 폭식증보다 훨씬 덜 심한 것이다. 인종적 혹은 민족적 소수집단의 여성들은 백인 여성들만큼이나 폭식장애를 겪는다. 이 장애는 일반 인구에서보다 체중 감소 치료를 찾는 사람들에게서 더 많이 나타난다.

발달과 경과

폭식장애의 발생에 대해서는 거의 알려져 있지 않다. 폭식과 객관적으로 과도한 섭취가 없는 통제 상실 섭식이 아동들에게서 나타나며, 체지방 증가, 체중 증가, 심리적 증상의 증가와 관련이 있다. 폭식은 청소년과 대학생 연령층의 표본에서 흔하다. 통제 상실 섭식과 일화성 폭식은 일부 사람들에게는 섭식장애의 전구 증상일 수 있다.

폭식장애가 있는 많은 사람은 폭식 후에 다이어트를 한다(보통 역기능적 다이어트가 폭식에 앞서 나타나는 신경성 폭식증과 반대임). 폭식장애는 전형적으로 청소년기 또는 성인기 초기에 시작되지만, 성인기 후기에 시작될 수도 있다. 폭식장애로 치료를 찾는 사람들은 신경성 식욕부진증 또는 신경성 폭식증으로 치료를 찾는 사람보다 보통 연령이 높다.

자연적 경과 및 치료결과로 인해 관해되는 비율은 신경성 폭식증이나 신경성 식욕부진증보다 폭식장애에서 더 높다. 폭식장애는 상대적으로 지속적이며, 경과는 증상의 강도나 기간 면에서 신경성 폭식증에 필적한다. 폭식장애에서 다른 섭식장애로 바뀌는 경우는 흔하지 않다.

위험 및 예후 요인

유전적 · 생리적. 폭식장애는 가족적으로 발생하는 것으로 보이며, 이것은 아마도 유전적 영향을 반영하는 것으로 보인다.

문화와 관련된 진단적 쟁점

폭식장애는 미국, 캐나다, 유럽 국가, 호주, 뉴질랜드를 포함한 대부분의 산업화된 나라에서 거의 비슷한 빈도로 발생한다. 미국에서 폭식장애의 유병률은 비라틴계 백인, 라틴계 · 아시아계 · 아프리카계 미국인들 사이에 비슷하게 나타난다.

폭식장애의 기능적 결과

폭식장애는 체질량 지수를 맞춘 통제집단과 비교하여 사회적 역할 적응문제, 건강 관련 삶의 질과 삶 만족 손상, 의학적 질병 이환율과 사망률 증가, 그리고 이와 연관된 건강관리 이용 증가 같은 기능적 결과와 연관이 있다. 체중 증가, 그리고 비만 발병에 대한 증가된 위험과도 연관될 수 있다.

감별진단

신경성 폭식증. 폭식장애는 신경성 폭식증과 마찬가지로 반복적 폭식행동을 보이지만, 신경성 폭식증과는 근본적으로 다르다. 임상 양상의 관점에서는 신경성 폭식증에서 보이는 반복적인 부적절한 보상행동(예, 제거, 과도한 운동)이 폭식장애에서는 존재하지 않는다. 신경성 폭식증이 있는 사람들과는 달리, 폭식장애가 있는 사람들은 전형적으로 체중과 체형에 영향을 주기 위한 현저한 또는 지속적인 식이 제한을 폭식 삽화 사이에 보이지 않는다. 하지만 이들도 빈번한 다이어트 시도를 보일 수 있다. 폭식장애는 또한 치료 반응 면에서 신경성 폭식증과 다르다. 폭식장애가 있는 사람들은 회복률이 신경성 폭식증을 가진 사람들보다 높다.

비만. 폭식장애는 과체중과 비만과 연관되어 있지만, 다음과 같이 비만과 구별되는 여러 주요 특징이 있다. 첫째, 신체에 대한 과도한 가치를 부여하는 수준이 폭식장애가 없는 사람들보다 폭식장애가 있는 비만인 사람에게서 더 높다. 둘째, 정신과적 동반질환 비율이 해당 장애가 없는 비만인 사람들보다 해당 장애를 가진 비만인 사람들에게서 훨씬 더 높다. 셋째, 폭식장애에서는 근거기반 심리치료가 장기적으로 성공적 효과를 가지는 데 반해, 비만에서는 효과적인 장기치료 효과가 없다.

양극성 및 우울 장애. 식욕 증가와 체중 증가는 주요우울장애의 진단기준과 우울장애와 양극성장애의 비전형적 양상에 포함되어 있다. 주요우울 삽화에서 증가된 섭식은 통제 상실과 연관되어 있을 수도 있고 그렇지 않을 수도 있다. 만약 두 장애에 대해 완전한 진단기준이 충족된다면, 두 진단 모두 내려질 수 있다. 폭식과 이상 섭식의 다른 증상들은 양극성장애와 연관되어 보인다. 만약 두 장애의 진단을 모두 충족한다면, 두 진단 모두 내려져야 한다.

경계성 성격장애. 폭식은 경계성 성격장애 정의의 일부분인 충동적 행동에 포함된다. 만약 두 가지 장애에 대한 진단기준을 모두 만족시킨다면, 두 진단 모두 내려져야 한다.

동반이환

폭식장애는 신경성 폭식증과 신경성 식욕부진증에 필적하는 높은 정신과적 동반이환율을 보인다. 가장 흔한 동반질환은 양극성장애, 우울장애, 불안장애, 그리고 더 적은 정도의 물질사용장애다. 정신과적 동반질환은 폭식의 심각도와 연관이 있고 비만 정도와는 연관이 없다.

달리 명시된 급식 또는 섭식 장애

Other Specified Feeding or Eating Disorder

307.59 (F50.8)

이 범주는 사회적, 직업적, 또는 다른 중요한 기능 영역에서 임상적으로 현저한 고통이나 손상을 일으키는 급식 또는 섭식장애의 특징적인 증상들이 두드러지지만, 급식 또는 섭식장애의 진단 부류에 속한 장애 중 어느 것에도 완전한 기준을 만족하지 않는 발현 징후들에 적용된다. 달리 명시된 급식 또는 섭식 장애 범주는 발현 징후가 어떤 특정 급식 또는 섭식 장애의 기준에 맞지 않은 특정한 이유에 대해 교감하기 위해 임상가가 선택한 상황들에서 사용된다. 이는 "달리 명시된 급식 또는 섭식 장애"를 기록하고, 이어서 특정한 이유(예, "저빈도로 나타나는 신경성 폭식증")를 기록한다.

"달리 명시된"이라는 지정 문구를 사용해 분류될 수 있는 발현 징후들의 예는 다음과 같다.

1. **비전형적 신경성 식욕부진증**: 현저한 체중 감소에도 불구하고 환자의 체중이 정상 범위 또는 정상보다 상 위에 위치하는 것을 제외하고 신경성 식욕부진증의 모든 진단기준을 충족함
2. **신경성 폭식증(저빈도 및/또는 제한된 기간)**: 폭식과 부적절한 보상행동이 평균적으로 일주일에 1회 이하 및/또는 3개월 이하로 나타나는 것을 제외하고 신경성 폭식증의 모든 진단기준을 충족함
3. **폭식장애(저빈도 및/또는 제한된 기간)**: 폭식이 평균적으로 일주일에 1회 이하 및/또는 3개월 이하로 나타나는 것을 제외하고 폭식장애의 모든 진단기준을 충족함
4. **제거장애**: 폭식이 없는 상태에서 체중이나 체형에 영향을 주기 위한 반복적인 제거행동(예, 일부러 구토하기, 설사제, 이뇨제 또는 다른 치료약물 오용)
5. **야식증후군**: 잠에서 깨어난 후 먹거나 저녁 식사를 한 뒤 과도한 음식 섭취로 나타나는 반복적인 야식 삽화. 해당 섭취를 알고 기억함. 야식행동이 수면-각성 주기의 변화나 지역사회 규범과 같은 외부 환경의 영향으로 더 잘 설명되지 않고, 야식행동이 현저한 고통 및/또는 기능손상을 초래함. 이러한 이상 섭식 패턴이 폭식장애나 물질남용을 포함한 다른 정신질환으로 더 잘 설명되지 않으며, 다른 의학적 상태나 약물치료로 인한 것이 아님

명시되지 않는 급식 또는 섭식 장애

Unspecified Feeding or Eating Disorder

307.50 (F50.9)

이 범주는 사회적, 직업적, 또는 다른 중요한 기능 영역에서 임상적으로 현저한 고통이나 손상을 일으키는 급식 또는 섭식 장애의 특징적인 증상들이 두드러지지만, 급식 또는 섭식 장애의 진단 부류에 속한 장애 중 어느 것에도 완전한 기준을 만족하지 않는 발현 징후들에 적용된다. 명시되지 않는 급식 또는 섭식 장애 범주는 기준이 특정 급식 또는 섭식 장애의 기준에 맞지 않은 이유를 명시할 수 없다고 임상가가 선택한 상황들에서 사용되며, 좀 더 특정한 진단을 내리기에는 정보가 불충분한(예, 응급실 상황) 발현 징후들을 포함한다.

02

급식 및 섭식 장애
DSM-5® 가이드북

307.52 (F__._)	이식증
307.53 (F98.21)	되새김장애
307.59 (F50.8)	회피적/제한적 음식섭취장애
307.1 (F50.0_)	신경성 식욕부진증
307.51 (F50.2)	신경성 폭식증
307.51 (F50.8)	폭식장애
307.59 (F50.8)	달리 명시된 급식 또는 섭식장애
307.50 (F50.9)	명시되지 않는 급식 또는 섭식장애

급식 및 섭식 장애에 관한 장은 DSM-IV의 "유아기, 아동기, 또는 청소년기에 보통 처음 진단되는 장애" 장으로부터의 급식장애(이식증, 되새김장애)와 섭식장애(신경성 식욕부진증, 신경성 폭식증)를 결합해 놓은 것이다. 이는 이들의 공통적인 현상과 병리생리학을 보다 잘 반영하기 위함이었다. 회피적/제한적 음식섭취장애 진단은 DSM-IV의 유아기 또는 아동기 초기의 급식장애 진단을 대체한 것으로, 전보다 범위가 확대되었다. 게다가, DSM-IV의 부록 B에 수록되었던 폭식장애는 완전한 장애로서의 지위를 확보하게 되었다. 급식 및 섭식 장애는 식욕을 증진시키는 추동과 행동에 있어서의 기능이상을 반영하고 있고, 전체 연령 범위에 걸쳐 나타날 수 있다. 표 1은 이 장에 수록되어 있는 장애들의 목록이다.

표 1. DSM-5 급식 및 섭식 장애

이식증	Pica
되새김장애	Rumination disorder
회피적/제한적 음식섭취장애	Avoidant/restrictive food intake disorder
신경성 식욕부진증	Anorexia nervosa
신경성 폭식증	Bulimia nervosa
폭식장애	Binge-eating disorder
달리 명시된 급식 또는 섭식장애	Other specified feeding or eating disorder
명시되지 않는 급식 또는 섭식장애	Unspecified feeding or eating disorder

장애가 있는 섭식 및 섭식 관련 행동들은 수 세기 동안 인식되어 왔다. 리처드 모튼(Richard Morton, 1636~1698)은 1689년 처음으로 신경성 식욕부진증에 관한 임상적 설명을 한 인물로 인정받고 있다. 그러나 19세기 후반에 이 용어를 창안한 인물은 윌리엄 걸(William Gull, 1816~1890) 경이었다. 걸의 환자들은 대부분 무월경, 변비, 비정상적인 빈맥으로 야위었음에도 불구하고 지나치게 활동적이었다. 이 장애에 대한 그의 설명은 세부적인 것까지 주의를 기울였다는 점에서 괄목한 것으로 남아 있다.

걸의 설명과 다른 설명들에도 불구하고, 섭식 및 급식 장애들은 DSM-III까지는 DSM에 수록되지 않았다. DSM-III에서는 "유아기, 아동기 또는 청소년기에 보통 처음 진단되는 장애" 장에 포함되었다. DSM-IV에서 섭식장애는 독립적인 장에 수록되었다. 왜냐하면 이 장애들은 전체 연령 범위에 걸쳐 발생할 수 있다는 사실이 명백해졌기 때문이었다. 이 쟁점을 다시 다루게 되면서 DSM-5의 섭식장애 작업집단은 급식장애도 섭식장애와 동일한 장에 포함시켜야 한다고 권장하였다. 급식장애도 전체 연령 범위에 걸쳐 발생할 수 있다는 이유 때문이었다.

이식증

이식증pica의 필수적인 특징은 적어도 1개월 동안 지속적으로 비영양성nonnutritive · 비음식nonfood 물질을 먹는 것이다. 현대의 정의와 유사한 이식증에 대한 의학적 설명은 수세기 전부터 존재해 왔다. 역사적으로, 이식증은 임신 또는 발달장애와 같은 상태들과 동반되거나 철분 결핍 같은 의학적 장애의 증상으로 간주되어 왔다. 생후 24개월까지의 아이들은 흔히 비영양성 물질을 입에 넣거나 먹기도 한다. 그러나 이러한 행동을 한다고 해서 이 아이에게 이식증이 있음을 암시하지는 않는다. 흔히 발달지연이 있는 아이들과 연관이 있지만, 이식증은 지적발달장애가 있는 아이들이나 사람들에게 한정되지는 않는다.

이식증은 DSM-III에 포함된 이래 독립적인 장애로 간주되어 왔다. 진단범주는 DSM-5에서 모든 연령의 사람들에게 사용될 수 있도록 개정되었다.

이식증 진단기준

A. 적어도 1개월 동안 비영양성 · 비음식 물질을 계속 먹는다.
B. 비영양성 · 비음식 물질을 먹는 것이 발달 수준에 비추어 볼 때 부적절하다.
C. 먹는 행동이 사회적 관습 혹은 문화적 지지를 받지 못한다.
D. 만약 먹는 행동이 다른 정신질환(예, 지적장애, 자폐스펙트럼장애, 조현병)이나 의학적 상태(임신 포함) 기간 중에만 나타난다면, 이 행동이 별도의 임상적 관심을 받아야 할 만큼 심한 것이어야 한다.

부호화 시 주의점: ICD-9-CM의 이식증 부호는 307.52이고 아동과 성인에 사용된다. ICD-10-CM의 이식증 부호는 아동에서는 F98.3이고 성인에서는 F50.8이다.

다음의 경우 명시할 것:

관해 상태: 이전에는 이식증의 진단기준을 만족했으나, 현재는 일정 기간 기준을 만족하지 않는다.

진단기준 A

비영양성 · 비음식 물질 섭취만으로는 이식증으로 진단하는 데 충분하지 않다. 섭식이 1개월 동안 지속되어야 한다. DSM-5에서 변화된 점으로는 비음식nonfood이라는 용어가 추가된 것이다. 그 이유는 비영양성 물질이라는 문구가 잠재적으로 문제가 될 수 있기 때문이었다. 또한 명시되지 않는 비음식의 경우, 이 용어는 다이어트 탄산음료처럼 영양적인 가치가 없는 식품을 포함할 수 있기 때문이었다.

진단기준 B

비영양성 · 비음식 물질을 포함해서 물건을 입에 무는 것은 어린 유아들에게는 발달적으로 정상이다. 이식증은 어린아이들에게는 적절한 진단이 아니기 때문에 최소 2세가 되어야 한다는 필수요건이 권장된다.

진단기준 C

전 세계 사람들은 다양한 이유로 진흙 또는 흙을 먹는다(흙 먹는 습성geophagy이라고 불림). 흙 먹는 습성은 특히 중앙아프리카와 미국의 남부 지방에서 임신 기간에, 종교적 의식으로, 또는 질병의 치료법으로 흔히 거행되는 전통적인 문화적 활동이다. 북 캘리포니아의 토착민인 포모pomo족의 식단에는 흙이 포함되어 있다. 이러한 행위가 문화적 실행이기는 하지만, 이는 또한 영양분에 대한 생리적 욕구(또는 지각된 욕구)를 충족시키는 것일 수 있다.

진단기준 D

이식증은 흔히 발달지연이 있는 사람들에게서 발생하는데, 때로 임신한 여성들 사이에서도 발생한다. 조현병이 있는 사람들은 비음식 물질의 섭취 욕구에 관한 망상성 신념을 가지고 있을 수 있다. 만일 섭식행동이 독립적인 임상적 주의를 필요로 할 정도로 심하다면, 추가로 이식증으로 진단하는 것이 적절하다. DSM-5에서는 "~경과 동안"이 "~ 맥락에서"라는 문구로 변경되었다. 이렇게 변경된 이유는 되새김장애와 회피적/제한적 음식섭취장애와 병행하는 진단범주와 일관성을 유지하기 위함이었다. 또한 주어진 예(지적발달장애)는 경과를 거치지 않기 때문이다.

되새김장애

되새김장애rumination disorder는 음식의 반복적인 역류가 특징이다. 17세기 이래, 의학적 문헌에 어떤 형태로든 포함되어 온 되새김장애는 모든 연령 범위에 걸쳐 남녀 성별에 상관없이 발생한다. 이 장애가 있는 사람들은 반복적으로 삼켰거나 부분적으로 섭취한 음식을 역류시켜서 다시 씹어서 다시 삼키거나 뱉어 버린다. 청소년과 성인들은 역류시킨 물질을 다시 씹을 가능성이 낮다. 전형적인 구토와는 달리, 역류와 연관된 불수의적인 구역질, 메스꺼움, 속 쓰림, 악취, 또는 복통은 없다. 이 장애는 유아, 어린 아동, 그리고 발달장애가 있는 사람들에게서 보다 흔히 발생한다. 또한 건강한 청소년과 성인들에게서도 발생한다. 전형적인 구토와는 달리, 역류는 전형적으로 힘들이지 않고 자연스러운 것으로 설명된다. DSM-III에는 유아기 되새김장애가 독립적인 장애로 포함되어 있다. 이 장애의 진단범주는 DSM-5에 와서 특정 연령의 사람들에게도 적용할 수 있게 수정되었다.

되새김장애 진단기준 **307.53 (F98.21)**

A. 적어도 1개월 동안 음식물의 반복적인 역류가 있다. 역류된 음식은 되씹거나, 되삼키거나, 뱉어 낼 수 있다.

B. 반복되는 역류는 동반되는 위장 상태 또는 기타 의학적 상태(예, 식도 역류, 유문협착증)로 인한 것이 아니다.

C. 섭식 장해eating disturbance는 신경성 식욕부진증, 신경성 폭식증, 폭식장애 혹은 회피적/제한적 음식섭취장애의 경과 중에만 발생되지는 않는다.

D. 만약 증상이 다른 정신질환(예, 지적장애[지적발달장애]나 다른 신경발달장애)과 관련하

여 발생한다면 이 증상은 별도로 임상적 관심을 받아야 할 만큼 심각한 것이어야 한다.

다음의 경우 명시할 것:

관해 상태: 이전에 되새김장애의 모든 진단기준을 만족한 후, 일정 기간 진단기준을 만족시키지 않을 경우

진단기준 A

이 진단기준에서는 적어도 1개월 동안 반복적인 음식 역류를 필수로 요구하고 있다. 되새김장애가 있는 사람들 모두(특히 나이 든 사람들과 지능이 정상인 사람들)가 역류된 음식을 다시 씹는 것은 아니다. 그러므로 DSM-5에서는 되씹기 요건이 삭제되었고, 대신 "음식을 역류시켜 되씹거나, 다시 삼키거나, 뱉는" 상태로 대체되었다. 게다가, 행동이 "정상적으로 기능하는 기간" 다음으로 일어난다는 DSM-IV의 필수요건은 결정 내리기 어려울 수 있다는 점에서 삭제되었다.

진단기준 B

되새김장애가 있는 사람들은 역류[reflux] 과거력을 가지고 있을 수 있다. 또한 이러한 행동의 의학적 · 심리적 요소들을 임상적으로 신뢰성 있게 분석하기가 어려울 수 있다. 이러한 임상적 어려움을 인식함에 있어서 DSM-5에서는 연관된 위장 또는 다른 의학적 상태를 배제해야 한다는 필수요건이 제시되어 있다.

진단기준 C

되새김 행동은 전통적인 섭식장애가 있는 사람들에게서 발생한다는 사실을 입증한 연구들은 많다. 이 진단기준에서는 되새김이 섭식장애들 중 한 가지 장애의 증상보다 더 심각해야 한다는 필수요건이 명시되어 있다. 만일 이 장애가 섭식장애와는 별도로 발생한다면, 이 장애는 독립적으로 진단될 수 있다.

진단기준 D

되새김장애는 흔히 발달지연의 맥락에서 자기자극self-stimulation의 수단으로 발생한다. 이러한 사례들에서 이 행동은 이러한 다른 장애들 또는 상태들의 증상으로 간주된다. 되새김 행동이 독립적인 임상적 주의가 필요할 만큼 심하다면, 되새김장애를 추가할 필요가 있다. DSM-5에서는 "~ 경과 동안"이 "~ 맥락에서"라는 문구로 수정되었다. 이는 이식증과 회피적/제한적 음식섭취장애의 유사한 진단범주와의 일관성을 유지하기 위함이다. 또한 제시된 예(지적장애[지적발달장애])에는 엄밀히 말해서 경과의 의미가 없기 때문이다.

회피적/제한적 음식섭취장애

회피적/제한적 음식섭취장애avoidant/restrictive food intake disorder는 DSM-IV의 유아기 또는 아동기 초기 급식장애가 대체·확대된 것이다. 이 장애는 음식 섭취를 회피 또는 제한하는 섭식 또는 급식 행동 장해다. 이 장애의 형식적인 명칭에서의 변화는 유아기와 아동기 초기에 국한되기보다는 모든 연령 범위에 걸쳐 발생하는 여러 발현 유형이 있다는 사실을 반영하는 것이다. 현존하는 문헌에서는 3가지 주요 아형(① 충분한 양의 음식을 먹지 않거나 급식 또는 섭식에 거의 흥미를 보이지 않는 사람들, ② 감각 특성상 제한된 음식만 받아들이는 사람들, ③ 음식 거부가 혐오 경험과 관련이 있는 사람들)이 확인되었다.

불충분한 섭취 또는 음식에의 흥미 결여와 연관된 회피나 제한은 청소년기에 시작될 수도 있지만, 보통 유아기 또는 아동기 초기에 발달된다. 성인기에 발병되는 경우는 드물다. 이 장애에는 아동기의 편식이나 고령과 연관된 감소된 음식 섭취와 같이 발달적으로 정상적인 음식 회피는 포함되지 않는다. 임신한 여성들은 감각 민감성의 변화로 특정 음식 섭취를 제한하거나 회피할 수 있다. 그렇지만 이는 자기제한적 행동이므로, 섭식 장애가 극심하지 않고 진단범주에 완전히 부합되지 않는다면 회피적/제한적 음식섭취장애로 진단되지 않는다.

회피적/제한적 음식섭취장애는 유아기와 아동기에는 남성과 여성에게 동일하게 나타난다. 다양한 기능상의 결과(신체 발달의 손상, 관계 및 사회적 어려움, 보호자 스트레스, 가족기능의 문제)는 이 장애와 연관이 있다.

이 진단은 거의 사용된 적이 없었던 DSM-IV의 유아기 또는 아동기 초기의 급식장애가 개칭된 것이다. 이 범주에 대한 개편에 있어서 DSM-5 저자들은 이 새로운 범주가 보다 유용할 것으로 기대하고 있다. 이 범주는 잠재적으로 임상적 요구를 충족시킬 것이다. 그 이유는 상당히 많은 사람들—아동과 청소년들만 아닌—이 음식 섭취를 제한하고 있고 심각한 생리적 및/또는 심리사회적 문제들을 발달시키고 있지만, 이러한 발현들이 섭식장애의 진단범주를 충족시키지 못하기 때문이다. 회피적/제한적 음식섭취장애는 이러한 발현의 범위를 아우르기 위한 폭넓은 범주다.

회피적/제한적 음식섭취장애 진단기준 307.59 (F50.8)

A. 섭식 또는 급식 장해(예, 음식 섭취에 대한 명백한 흥미 결여, 음식의 감각적 특성에 근거한 회피, 섭식의 부정적 결과에 대한 걱정)가 지속적으로 나타나 적절한 영양 및/또는 에너지가 부족하게 되고, 이는 다음과 관련이 있다.

1. 심한 체중 감소(혹은 아동에서 기대되는 체중에 미치지 못하거나 더딘 성장)
2. 심한 영양 결핍
3. 위장관 급식 혹은 경구 영양 보충제에 의존
4. 심리사회적 기능에 많은 영향을 줌

B. 장해는 구할 수 있는 음식이 없거나 문화적으로 허용되는 처벌 관행으로 인한 것으로 더 잘 설명되지 않는다.

C. 섭식 장해는 신경성 식욕부진증이나 신경성 폭식증의 경과 중 나타나는 것이 아니고, 사람의 체중이나 체형에 관한 장애의 증거가 없어야 한다.

D. 섭식 장해는 동반되는 의학적 상태로 인한 것이 아니고, 다른 정신질환으로 더 잘 설명되지 않는다. 만약 이 섭식 장해가 다른 상태나 질환과 관련하여 발생한다면, 섭식 장해의 심

각도는 일반적으로 나타나는 것보다 심해야 하거나 별도로 임상적 관심을 받아야 할 만큼 심한 것이어야 한다.

다음의 경우 명시할 것:

관해 상태: 이전에 되새김장애의 모든 진단기준을 만족한 후 일정 기간 진단기준을 만족시키지 않을 경우

진단기준 A

회피적/제한적 음식 섭취에 어려움이 있는 많은 어린아이는 DSM-IV의 급식장애 진단범주에 부합되지 않았다. 그 이유는 이 진단범주에서는 체중 증가나 감소에 일차적인 초점을 맞추지 않았기 때문이었다. 뿐만 아니라 특정 발현의 특징 역시 좀 더 높은 연령층 사람들에게서 흔히 볼 수 있는 것들이라는 사실 때문이었다. "급식 장해feeding disturbance"는 "섭식 또는 급식 장해eating or feeding disturbance"로 대체되었다. 이 장애가 있는 보다 폭넓은 연령 범위의 사람들을 포함시키기 위한 조치였다. 음식 회피 또는 제한으로 인한 결과는 지속적이다. 또한 이 진단기준은 체중 감소 또는 체중 증가 불능 너머로 확대되었다. 더딘 성장, 영양실조, 또는 장 급식이나 경구 영양제 의존, 그리고 뚜렷한 심리사회적 기능 저해 등의 증상들이 추가되었다. 이는 이러한 섭식 또는 급식 장해들이 흔히 임상적으로 심각한 결과를 초래하기 때문이었다.

진단기준 B

극심한 빈곤과 문화적 실행(예, 종교적 금식) 역시 심각한 체중 감소를 초래할 수 있다. 그러므로 이 진단기준에는 "구할 수 있는 음식이 없는 것으로 더 잘 설명되지 않아야 한다."는 문구와 "문화적으로 허용되는" 실행(특정 종교적 또는 문화적 관찰)만으로 이 장애를 설명할 수 있는 증거가 없어야 한다는 필수요건이 포함되어 있다.

진단기준 C

필수요건과 관련된 에너지 섭취의 제한이 체중 감소를 초래한다는 것은 신경성 식욕부진증의 핵심적인 특징이면서 신경성 폭식증에 있어서의 보상행동이 될 수 있다. 나이 든 아동 또는 어린 청소년들에게 있어서 이러한 장애들은 여러 특징들을 공유하고 있다(예, 저체중, 음식 회피). 그러나 신경성 식욕부진증은 체중 증가에 대한 두려움과 자신의 체중 또는 체형에 대한 지각 장해perceptual disturbances와 연관성이 있다. 신경성 폭식증의 경우, 제한이나 금식은 폭식의 재발성 삽화에 대한 보상행동이다. 섭식장애군의 맥락에서 제한된 음식 섭취의 의미는 구분할 필요가 있다. 여기에는 체중이나 체형에 대한 염려, 그리고 이러한 사항에 대한 염려가 없는 상황에서의 제한된 음식 섭취가 포함된다.

진단기준 D

위장(예, 식도 역류), 내분비계(예, 당뇨병), 신경계(예, 구강/식도/인두 구조상 또는 기능상의 문제와 관련된) 상태들은 급식 장해의 원인이 될 수 있고, 회피적/제한적 음식섭취장애와 구별할 필요가 있다.

신경성 식욕부진증

신경성 식욕부진증anorexia nervosa은 ① 지속적인 에너지 섭취 제한, ② 체중 증가에 대한 극심한 공포, ③ 왜곡된 신체 자기지각self-perception이 특징이다. 신경성 식욕부진증은 가장 먼저 언급된 섭식장애로, 역사적으로 줄곧 다루어져 왔고 다른 문화권에서도 발현되는 것으로 보인다. 이 장애는 왜곡된 자기상self-image과 음식과 섭식에 대한 다른 인지적 왜곡cognitive distortion과 연관성이 있다. 신경성 식욕부진증이 있는 사람들은 때로 반복적인 저울질, 측정, 그리고 자신의 몸을 거울에 비추어 보며 측정하는 행위에 집착한다. 핵심적인 임상적 특징은 연령, 성별, 발달 궤도, 그리고 신체건강에 대한 최소한의 정상 수준 또는 그 이상의 체중 유지를 거부하는 것으로 정의된다. 신경성 식욕부진증은 높은 비율의 병적 상태(예, 심부정맥, 성장 지체, 골다공증)와 사망률과 연관성이 있다.

신경성 식욕부진증은 전형적으로 청소년기에 발병되고, 여성의 발병률이 더 높다. 이 장애는 연령, 인종 또는 민족, 그리고 사회경제적 배경을 불문하고 남성과 여성에게 영향을 미친다. 이 장애의 유병률은 여성이 0.3~1%, 남성이 0.1%로 추산된다.

신경성 식욕부진증은 DSM-I에 심리생리적 위장 반응psychophysiological gastrointestinal reaction의 예로, DSM-II에서는 특수 증상 범주 내의 급식 장해feeding disturbance로 수록되었다. 이 장애는 결국 DSM-III에서 완전한 장애로서의 지위를 확보하였다. 신경성 식욕부진증의 핵심적인 진단범주는 DSM-IV로부터 개념적으로 변화되지 않았다. 단, 한 가지 예외가 있다면, 무월경amenorrhea에 대한 필수요건이 삭제된 것이다(DSM-IV의 진단기준 D). 신경성 식욕부진증이 있는 사람들의 일부는 이 장애의 모든 다른 증상과 징후를 나타낼 수 있고, 최소한 몇 가지 생리적 활동을 호소한다. 게다가 이 진단기준은 초경 전의 여자아이들, 경구 피임약을 복용하고 있는 여성, 폐경기 이후의 여성, 또는 남성들에게는 적용할 수 없다. 일부 자료에 의하면, 무월경으로 판명된 여성들은 이 진단기준에 부합되지 않는 여성들보다 뼈 건강 상태가 좋지 않다. 그러므로 이 정보는 진단에는 필수적이지 않지만, 임상적으로는 중요하다. 게다가 무월경을 제외하고, DSM-IV의 신경성 식욕부진증의 모든 진단범주를 충족하는 증거가 있는 여성들의 임상적 특징과 경과는 모든 진단범주를 충족하는 증거가 있는 여성들의 특징과 아주 유사하다.

신경성 식욕부진증 진단기준

A. 필요한 양에 비해 지나친 음식물 섭취 제한으로 연령, 성별, 발달과정 및 신체적인 건강 수준에 비해 현저 하게 저체중을 유발하게 된다. **현저한 저체중**은 최소한의 정상 수준보다 체

중이 덜 나가는 것으로 정의되며, 아동과 청소년의 경우 해당 발달단계에서 기대되는 최소한의 체중보다 체중이 적게 나가는 것을 의미한다.

B. 체중 증가 또는 비만에 대한 극심한 두려움 혹은 체중 증가를 막기 위한 지속적인 행동. 이러한 행동은 지나친 저체중일 때도 이어진다.

C. 기대되는 개인의 체중이나 체형을 경험하는 방식에 장해, 자기평가에서 체중과 체형에 대한 지나친 압박, 혹은 현재의 저체중에 대한 심각성 인식의 지속적 결여가 있다.

부호화 시 주의점: ICD-9-CM에서의 신경성 식욕부진증의 부호는 307.1이며, 아형이 나눠지지 않는다. ICD-10-CM에서는 다음의 아형에 따른다.

다음 중 하나를 명시할 것:

(F50.01) **제한형:** 지난 3개월 동안, 폭식 혹은 제거 행동(예, 스스로 구토를 유도하거나 하제, 이뇨제, 관장제를 오용하는 것)이 반복적으로 나타나지 않는다. 해당 아형은 저체중이 주로 체중관리, 단식 및 과도한 운동을 통해 유발된 경우를 말한다.

(F50.02) **폭식/제거형:** 지난 3개월 동안, 폭식 혹은 제거 행동(예, 스스로 구토를 유도하거나 하제, 이뇨제, 관장제를 오용하는 것)이 반복석으로 나타났다.

다음의 경우 명시할 것:

부분 관해 상태: 이전의 신경성 식욕부진증의 진단을 모두 만족한 후 진단기준 A(체중 감소)가 삽화 기간에 나타나지 않았으나, 진단기준 B(체중 증가 혹은 비만이 되는 것에 대한 극심한 두려움 혹은 체중 증가를 막기 위한 행동) 혹은 진단기준 C(체중과 체형에 대한 자기지각의 장애)가 지속되고 있는 경우를 말한다.

완전 관해 상태: 이전의 신경성 식욕부진증의 진단을 모두 만족한 후 삽화 기간에 진단기준에 해당되는 행동이 아무것도 나타나지 않는다.

현재의 심각도를 명시할 것:

성인의 경우, 심각도의 최저 수준은 현재의 체질량 지수^body mass index^(BMI)를 기준으로 한다(다음을 참조할 것). 아동/청소년의 경우, BMI 백분위수를 기준으로 한다. 다음의 범위는 세계보건기구(WHO)에서 제공하는 성인의 마른 정도의 범주에 따른다. 아동/청소년의 경우, BMI 백분위수에 해당하는 기준을 사용한다. 심각도의 수준은 임상 증상, 기능적 장애 정도, 그리고 관리의 필요성을 반영하여 증가될 수도 있다.

경도: BMI $\geq$ 17kg/m^2

중등도: BMI 16~16.99kg/m^2

고도: BMI 15~15.99kg/m^2

극도: BMI $<$ 15kg/m^2

진단기준 A

DSM-IV에서의 "연령과 신장에 대해 최소한의 정상 체중 또는 그 이상의 체중 유지 거부"라는 문구는 최소한의 정상 체중 유지를 위한 에너지 항상성의 중요성을 강조하기 위해 수정되었다. 이러한 변화로 체중 감소의 일환으로 활동이 증가된 사람들에 대한 진단이 가능해졌다.

진단기준 B

DSM-IV에서는 "체중 증가에 대한 두려움"이 필수적으로 요구된다. 그러나 신경성 식욕부진증이 있는 소수집단의 사람들은 이러한 두려움을 경험하고 있다는 것을 명시적으로 부인한다. 이에 DSM-5에는 "현저한 저체중 상태임에도 불구하고 체중 증가를 저해하는 지속적인 행동"이라는 행동에 초점을 맞춘 문구가 추가되었다.

진단기준 C

이 항목의 문구는 DSM-IV의 "현재의 저체중의 심각성 부인"에서 "현재의 저체중의 심각성에 대한 지속적 인식 결여"로 수정되었다. 부인denial이라는 말은 이 말의 사용을 지지하는 경험적 증거가 부족하고, 가부장적 · 경멸적 태도를 반영하고 있다는 염려로 인해 삭제되었다.

아형 및 명시자

DSM-5에서 제한형과 폭식/제거형은 지난 3개월 동안의 것이 명시된다. 자료에 의하면, 아형은 임상적으로뿐 아니라 연구 목적상 유용하지만, 아형들 사이에 뚜렷이 교차되는 부분이 있어서 임상가들은 질병의 "현재 삽화"의 아형을 명시하는 데 어려움을 겪었다(DSM-IV 기준).

임상가들은 또한 개인의 장애가 완전 관해 상태에 있는지 부분 관해 상태에 있는지의 여부를 명시할 수 있다. 이러한 구분은 부분 관해, 즉 저체중(진단기준 A)이 더 이상 쟁점이 아닌 사람이라도 여전히 체중 증가 또는 비만에 대해 극심한 두려움이 있거나 신체상body image에 있어서 장해를 가지고 있다는 것에 대한 것이다. 현재의 심각도는 이 장애가 BMI를 기초로 경도, 중등도, 고도, 또는 극도에 해당되는지를 명시함으로써 나타낼 수 있다.

신경성 폭식증

신경성 폭식증bulimia nervosa은 음식에 대한 폭식 삽화(예, 단시간 내에 많은 양의 음식 섭취) 다음에 구토, 하제(변비약), 또는 과도한 운동을 통해 일련의 음식을 제거하려는 시도로 이어지는 것이 특징이다. 행동은 체중과 체형에 대한 과잉 염려의 맥락에서 수행된다. 러셀(Russell, 1979)은 신경성 식욕부진증과 신경성 폭식증 둘 다 비만과 신체상 왜곡에 대한 특징적 공포를 공유하고 있는 발달장애로 보았다. 신경성 식욕부진증에서와 마찬가지로, 신경성 폭식증에도 전해질 소실, 치아 법랑질 부식(산성 위의 내용물에 반복적 노출로 인한), 충치, 위궤양, 위 또는 식도 파열, 변비, 부정맥, 그리고 자살행동 경향성 증가의 의학적 결과가 있다. 신경성 폭식증은 또한 신경성 식욕부진증과 뚜렷한 차이가 있다. 신경성 폭식증이 있는 사람들은 생애 후반에 섭식장애 증상을 발달시키고, 일반적으로 체중은 덜 소실되며, 신경성 식욕부진증이 있는 사람들보다 더 외향적이면서 충동적인 경향이 있다.

이 장애는 단순히 "폭식증bulimia"이라는 명칭으로 DSM-III에 포함되었다. 이 명칭은 DSM-III-R에서 신경성 폭식증으로 바뀌었다. 신경성 폭식증으로 진단되는 사람들의 약 90% 정도가 여성으로, 발병률은 젊은 여성들에게서 1.0~1.5%로 추산된다.

이 진단범주에서 유일하게 변화된 점은 필수요건에서 폭식과 부적절한 보상행동의 최소 평균 빈도수를 줄인 것이다(진단기준 C). 임상가들은 이젠 주당 부적절한 보상행동 삽화 수에 따라 경도에서 극도까지 범위의 심각도 수준을 매길 수 있게 되었다.

DSM-IV에서는 아형(제거형 또는 비제거[nonpurging]형)을 필수적으로 명시해야 했지만, 문헌에 의하면 비제거형 사람들은 폭식장애가 있는 사람들과 아주 유사하다는 지적이 있었다. 게다가 비제거의 부적절한 행동(예, 금식 또는 과도한 운동)을 정확하게 정의하는 방법이 불분명했다. 이러한 이유로, DSM-5에서는 신경성 폭식증의 제거형과 비제거형 아형이 삭제되었다. 대신, 임상가들은 이 장애가 부분 관해 상태인지 완전 관해 상태인지의 여부와 현재의 심각도(경도, 중등도, 고도, 극도)를 명시해야 할 것이다.

신경성 폭식증 진단기준 307.51 (F50.2)

A. 반복되는 폭식 삽화. 폭식 삽화는 다음 2가지로 특징지어진다.

1. 일정 시간 동안(예, 2시간 이내) 대부분의 사람이 유사한 상황에서 동일한 시간 동안 먹는 것보다 분명하게 많은 양의 음식을 먹음
2. 삽화 중에 먹는 것에 대한 조절능력의 상실감을 느낌(예, 먹는 것을 멈출 수 없거나, 무엇을 혹은 얼마나 많이 먹어야 할 것인지를 조절할 수 없는 느낌)

B. 체중 증가를 막기 위한 반복적이고 부적절한 보상행동, 예를 들면 스스로 유도한 구토, 이뇨제, 관장약, 다른 치료약물의 남용, 금식 혹은 과도한 운동 등이 나타난다.

C. 폭식과 부적절한 보상행동이 둘 다, 평균적으로 적어도 3개월 동안 일주일에 1회 이상 일어난다.

D. 체형과 체중이 자기평가에 과도하게 영향을 미친다.

E. 장해가 신경성 식욕부진증의 삽화 기간에만 발생하지 않는다.

다음의 경우 명시할 것:

부분 관해 상태: 이전에 신경성 폭식증의 진단기준을 전부 만족시켰으며, 현재는 기준의 일부를 만족시키는 상태가 유지되고 있다.

완전 관해 상태: 이전에 신경성 폭식증의 진단기준을 전부 만족시켰으며, 현재는 어떠한 기준도 만족시키지 않는 상태가 유지되고 있다.

현재의 심각도를 명시할 것:

심각도의 최저 수준은 부적절한 보상행동(다음을 참조할 것)의 빈도를 기반으로 하고 있다.

심각도 수준은 다른 증상 및 기능적 장애disability의 정도를 반영하여 증가할 수 있다.

경도: 평균적으로 일주일에 1~3회의 부적절한 보상행동 삽화가 있다.

중등도: 평균적으로 일주일에 4~7회의 부적절한 보상행동 삽화가 있다.

고도: 평균적으로 일주일에 8~13회의 부적절한 보상행동 삽화가 있다.

극도: 평균적으로 일주일에 14회 이상의 부적절한 보상행동 삽화가 있다.

진단기준 A

많은 사람들이 과식 삽화(예, 무제한 무료로 먹을 수 있는 파티)만을 경험할 수 있다. 신경성 폭식증은 폭식의 일정 시간 동안 발생하고, 다량의 음식 섭취가 포함되며, 개인이 통제 불능감을 호소하는 재발성 삽화들이 있을 경우에 한해서 진단을 내릴 수 있다.

진단기준 B

신경성 폭식증 진단에는 폭식 삽화 효과를 상쇄하고 체중 증가를 막기 위한 의도의 재발성 부적절한 보상행동을 동반한 폭식이 필수적으로 요구된다(예, 구토, 하제laxative 남용, 이뇨제diuretic 남용, 과도한 운동).

진단기준 C

DSM-IV에서는 폭식과 부적절한 보상행동 삽화가 둘 다 평균적으로 3개월 동안에 걸려 매주 2회 발생해야 한다는 필수요건이 있었다. 그렇지만 연구에 의하면, 주당 1회 폭식과 제거를 한다고 보고하는 사람들의 임상적 특징은 DSM-IV의 매주 2회라는 진단기준에 부합되는 행동을 하는 사람들의 것과 유사했다. 따라서 DSM-5에는 폭식과 부적절한 보상행동이 적어도 3개월 동안 주당 1회 발생을 필수요건으로 제시되어 있다.

진단기준 D

신경성 폭식증이 있는 사람들은 체형과 체중에 집착한다. 이들은 신체상 문제로 인한 낮은 자존감을 호소한다.

진단기준 E

신경성 식욕부진증이 있는 사람들은 폭식/제거형으로 언급되는 아형에 속한다는 증거가 있으므로, 반드시 신경성 폭식증과 감별되어야 한다. 신경성 식욕부진증 진단에는 정상적인 체중 유지 거부가 필수적이다. 이 필수요건에 부합되는 경우, 신경성 식욕부진증이 적절한 진단이 될 것이다.

폭식장애

폭식장애binge-eating disorder는 보상행동의 반복적 사용 없는 재발성 폭식 삽화가 특징이다. 이 장애는 DSM-IV에서는 부록 B("추가 연구를 위해 제공된 진단범주 세트와 축")에 수록되었다. 또한 DSM-5 섭식장애 작업집단은 이 장애에 정식 장애로서의 지위를 부여할 것을 권장하였다. 폭식장애는 미국에서 가장 빈번하게 발생하는 섭식장애(여성이 1.6%, 남성이 0.8%)이면서 일반 인구보다 체중 감소 치료를 찾는 사람들 사이에서 더욱 확산되어 있다.

폭식장애와 신경성 폭식증 사이의 구분은 때로 명확하지 않다. 또한 이 2가지 범주는 근본적으로 동일한 장애이면서 서로 다른 단계를 나타내고 있는 것일 수 있다. 신경성 폭식증이 있는 사람들에 비해 폭식장애가 있는 사람들은 일반적으로 좀 더 나이가 든 사람들이고, 남성일 가능성이 높으며, 장애의 발병 연령이 늦다.

폭식장애가 있는 사람들의 약 2/3는 부적절한 보상행동을 사용한 과거력이 있어서 과거에 신경성 폭식증 진단을 받았음을 암시하고 있다. 체중과 체형에 대한 염려는 이 진단의 필수요건은 아니지만, 이들 요소는 흔히 증거의 일부가 된다.

임상가들은 주당 폭식삽화의 수에 기초한 현재의 심각도를 평가해야 할 것이다(그렇지만 심각도 수준은 다른 증상과 기능장애 수준을 반영하기 위해 높아질 수 있음). 임상가들은 또한 이 장애가 부분 관해 상태인지 완전 관해 상태인지의 여부를 명시해야 할 것이다.

폭식장애 진단기준 **307.51 (F50.8)**

A. 반복되는 폭식 삽화. 폭식 삽화는 다음과 같이 특징지어진다.

1. 일정 시간 동안(예, 2시간 이내) 대부분의 사람이 유사한 상황에서 동일한 시간 동안 먹는 것보다 분명하게 많은 양의 음식을 먹음
2. 삽화 중에 먹는 것에 대한 조절능력의 상실을 느낌(예, 먹는 것을 멈출 수 없거나, 무엇을 혹은 얼마나 많이 먹어야 할 것인지를 조절할 수 없는 느낌)

B. 폭식 삽화는 다음 중 3가지(혹은 그 이상)와 연관된다.

1. 평소보다 많은 양을 급하게 먹음
2. 불편하게 배가 부를 때까지 먹음
3. 신체적으로 배고프지 않은데도 많은 양의 음식을 먹음
4. 얼마나 많이 먹는지에 대한 부끄러운 느낌 때문에 혼자서 먹음
5. 폭식 후 스스로에 대한 역겨운 느낌, 우울감 혹은 큰 죄책감을 느낌

C. 폭식으로 인해 현저한 고통이 있다고 여겨진다.

D. 폭식은 평균적으로 최소 3개월 동안 일주일에 1회 이상 발생한다.

E. 폭식은 신경성 폭식증에서 관찰되는 것과 같은 부적절한 보상행동과 연관되어 있지 않으며 신경성 폭식증 혹은 신경성 식욕부진증의 기간에만 발생하지 않는다.

다음의 경우 명시할 것:

부분 관해 상태: 이전에 폭식장애의 진단기준을 전부 만족시켰으며, 현재 일정 기간 평균적으로 일주일에 1회보다 적은 빈도로 발생하고 있다.

완전 관해 상태: 이전에 폭식장애의 진단기준을 전부 만족시켰으며, 현재 일정 기간 어떠한 기준도 만족시키지 않는 상태가 유지되고 있다.

현재의 심각도를 명시할 것:
심각도의 최저 수준은 폭식행동(다음을 참조할 것)의 빈도를 기반으로 하고 있다. 심각도 수준은 다른 증상 및 기능 장애의 정도를 반영하여 증가될 수 있다.

경도: 평균적으로 일주일에 1~3회의 부적절한 폭식행동 삽화가 있다.
중등도: 평균적으로 일주일에 4~7회의 부적절한 폭식행동 삽화가 있다.
고도: 평균적으로 일주일에 8~13회의 부적절한 폭식행동 삽화가 있다.
극도: 평균적으로 일주일에 14회 이상의 부적절한 폭식행동 삽화가 있다.

진단기준 A

폭식의 필수요건은 신경성 폭식증의 것을 반영하고 있다. 진단기준에서는 이 장애와 개인이 폭식할 수 있는 맥락 특이적 상황(예, 결혼 또는 연회)을 구별하기 위해 "재발성 삽화"를 필수적으로 요구하고 있다.

진단기준 B

진단기준 B에서는 손상된 통제의 5가지 지표(① 평소보다 많은 양의 음식을 급하게 섭취함, ② 불편할 정도의 포만감을 느낄 때까지 음식 섭취, ③ 시장하지 않은 경우에 다량의 음식 섭취, ④ 당혹감으로 인해 혼자 먹음, ⑤ 삽화 이후의 역겨움, 우울감, 죄책감) 중 3가지를 필수적으로 요구하고 있다. 폭식을 정확하게 확인하기 위한 최선의 전반적인 지표는 "신체적으로 배고픈 느낌이 없는데도 다량의 음식 섭취"와 "당혹감으로 인해 혼자 먹음"이다. 남성들 사이에 가장 흔한 폭식의 특징은 평소보다 더 빠르게 음식 섭취인 반면, 여성들은 후속적인 역겨움, 우울감, 또는 심한 죄책감이다. 연구에 의하면, 3가지 또는 그 이상의 증상들을 필수적으로 요구하는 것은 가장 정확하게 폭식을 예측할 수 있는 한편, 잘못된 긍정적 판단을 최소화할 수 있다.

진단기준 C

이 진단기준은 폭식과 연관된 고통의 특이성에 관한 것이다. 동반이환된 장애들과 관련된 고통은 이 진단기준에 부합되지 않을 것이다.

진단기준 D

주당 1회와 주당 2회 분류에 기초한 분석들은 대단히 유사하다. DSM-IV의 부록 B에서는 폭식하는 날의 빈도수가 평가되어야 하고, 최소 평균 빈도수가 6개월 동안 주당 2회가 필수적으로 요구된다고 제안되었다. 연구에 의하면, 신경성 폭식증과 동일한 진단범주는 상황을 크게 변화시키지 않을 것이다. 따라서 진단기준 D는 신경성 폭식증의 진단기준 C와 유사하게 적어도 3개월 동안 주당 1회 발생해야 한다는 필수요건으로 수정되었다.

진단기준 E

폭식장애는 다량의 음식 섭취 후의 부적절한 보상기제의 반복적 사용 부재가 특징이다.

달리 명시된 급식 또는 섭식 장애 · 명시되지 않는 급식 또는 섭식 장애

달리 명시된 급식 또는 섭식 장애와 명시되지 않는 급식 또는 섭식 장애는 개인이 고통을 겪고 있고 손상을 초래하지만, 이 부류에서의 보다 구체적인 장애의 진단기준에 완전히 부합되지 않는 급식 및 섭식 장애 증상이 있는 경우에 진단으로 고려되어야 한다.

이 범주는 DSM-IV의 달리 명시되지 않는 섭식장애가 대체된 것이다. 달리 명시된 급식 또는 섭식 장애의 범주는 임상가가 증상 발현이 진단범주에 완전히 부합되지 않는 이유를 소통하고자 하는 경우에 사용된다. 임상가에게는 특정 이유를 기록할 것이 권장된다(예, 비전형적 신경성 식욕부진증).

명시되지 않는 급식 또는 섭식 장애의 범주는 임상가가 증상 발현이 진단범주에 부합되지 않는 이유를 명시하지 않거나 보다 구체적인 진단을 내리기에는 정보가 불충분한 경우에 사용된다.

달리 명시된 급식 또는 섭식 장애 307.59 (F50.8)

이 범주는 사회적, 직업적, 또는 다른 중요한 기능 영역에서 임상적으로 현저한 고통이나 손상을 일으키는 급식 또는 섭식 장애의 특징적인 증상들이 두드러지지만, 급식 또는 섭식 장애의 진단 부류에 속한 장애 중 어느 것에도 완전한 기준을 만족하지 않는 발현 징후들에 적용된다. 달리 명시된 급식 또는 섭식 장애 범주는 발현 징후가 어떤 특정 급식 또는 섭식 장애의 기준에 맞지 않은 특정한 이유에 대해 교감하기 위해 임상가가 선택한 상황들에서 사용된다. 이는 "달리 명시된 급식 또는 섭식 장애"를 기록하고, 이어서 특정한 이유(예, "저 빈도로 나타나는 신경성 폭식증")를 기록한다.

"달리 명시된"이라는 지정 문구를 사용해 분류될 수 있는 발현 징후들의 예는 다음과 같다.

1. **비전형적 신경성 식욕부진증**: 현저한 체중 감소에도 불구하고 환자의 체중이 정상 범위 또는 정상보다 상위에 위치하는 것을 제외하고 신경성 식욕부진증의 모든 진단기준을 충족함
2. **신경성 폭식증(저빈도 및/또는 제한된 기간)**: 폭식과 부적절한 보상행동이 평균적으로 일주일에 1회 이하 및/또는 3개월 이하로 나타나는 것을 제외하고 신경성 폭식증의 모든 진단기준을 충족함
3. **폭식장애(저빈도 및/또는 제한된 기간)**: 폭식이 평균적으로 일주일에 1회 이하 및/또는 3개월 이하로 나타나는 것을 제외하고 폭식장애의 모든 진단기준을 충족함
4. **제거장애**purging disorder: 폭식이 없는 상태에서 체중이나 체형에 영향을 주기 위한 반복적인 제거행동(예, 일부러 구토하기, 설사제, 이뇨제 또는 다른 치료약물 오용)
5. **야식증후군**night eating syndrome: 잠에서 깨어난 후 먹거나 저녁 식사를 한 뒤 과도한 음식 섭취로 나타나는 반복적인 야식 삽화. 해당 섭취를 알고 기억함. 야식행동이 수면-각성 주기의 변화나 지역사회 규범과 같은 외부 환경의 영향으로 더 잘 설명되지 않고, 야식행동이 현저한 고통 및/또는 기능 손상을 초래함. 이러한 이상 섭식 패턴이 폭식장애나 물질남용을 포함한 다른 정신질환으로 더 잘 설명되지 않으며, 다른 의학적 상태나 약물치료로 인한 것이 아님

명시되지 않는 급식 또는 섭식 장애 307.50 (F50.9)

이 범주는 사회적, 직업적, 또는 다른 중요한 기능 영역에서 임상적으로 현저한 고통이나 손상을 일으키는 급식 또는 섭식 장애의 특징적인 증상들이 두드러지지만, 급식 또는 섭식 장애의 진단 부류에 속한 장애 중 어느 것에도 완전한 기준을 만족하지 않는 발현 징후들에 적용된다. 명시되지 않는 급식 또는 섭식 장애 범주는 기준이 특정 급식 또는 섭식 장애의 기준에 맞지 않은 이유를 명시할 수 없다고 임상가가 선택한 상황들에서 사용되며, 좀 더 특정한 진단을 내리기에는 정보가 불충분한(예, 응급실 상황) 발현 징후들을 포함한다.

KEY POINTS

- 이 장은 종전에 DSM-IV의 "유아기, 아동기, 또는 청소년기에 보통 처음 진단되는 장애" 장에 속했던 급식장애와 섭식장애가 결합된 것이다. 이 두 집단의 장애들은 장해가 있는 완료행동disturbed consummatory behaviors(***역자 주:** 자극이나 분명한 동인[충동]의 만족에 반시히여 생기는 형태[행동양식])이 특징이다.
- 이식증과 되새김장애의 진단범주는 이 장애들이 모든 연령층 사람들에 대해 진단될 수 있도록 개정되었다. 마찬가지로, 회피적/제한적 음식섭취장애는 더 이상 연령 제한이 없다.
- 신경성 식욕부진증은 무월경이 동반되어야 한다는 필수요건은 삭제되었다. 이러한 결정은 이 증상이 있는 것과 없는 것 사이에 거의 차이가 없다는 연구에 의한 것이었다.
- 신경성 폭식증의 경우, 진단범주의 유일한 변화는 폭식과 부적절한 보상행동의 최소 평균 빈도수에 대한 필수요건이 주당 한 가지 삽화(진단기준 C)로 감소된 것이다. 그 이유는 DSM-IV에서 매주 2가지 삽화의 필수요건을 뒷받침하는 연구가 없기 때문이다.
- 폭식장애는 DSM-5에서 완전한 장애로 승격되었다.

참고문헌

Russell G: Bulimia nervosa: an ominous variant of anorexia nervosa. Psychol Med 9:429–448, 1979

03

급식 및 섭식 장애 DSM-5® 임상사례집

서문

John W. Barnhill, M.D.

DSM-5가 출간되기 전까지는 섭식장애로 전문클리닉을 찾는 사람들의 절반이 대표적인 2가지 섭식장애인 신경성 식욕부진증과 신경성 폭식증 중 어느 한 가지 기준에도 잘 부합되지 않았고, 대신 '달리 명시되지 않는 섭식장애eating disorders not otherwise specified(EDNOS)'라는 불특정한 진단을 받았다. 일반 정신과 외래환자 병원의 경우, 이 비율은 더욱 높아졌다. 이에 섭식장애와 관련된 손상과 고통을 겪고 있는 많은 환자가 그들의 상태를 구체적으로 기술하는 진단 없이 방치되어 있었다.

DSM-5에서는 섭식장애 인구를 일관성 있고 증거에 기반을 둔 하위 집단으로 세분화할 수 있도록 대폭 수정했다. 예를 들어, 폭식장애binge-eating disorder(BED)는 후속 연구를 위해 마련된 일련의 기준이 수록된 DSM-IV 부록에서 DSM-5의 본문으로 옮겨졌다. 신경성 식욕부진증anorexia nervosa(AN) 기준은 개념상 변동사항이 없는 상태로 남아 있지만, 2가지 측면에서 확대되었다. 첫째, 무월경(증)amenorrhea에 대한 필수요건이 삭제되었다. 둘째, AN의 핵심 기준이었던 체중 증가에 대한 두려움 표출은 AN 증상을 뚜렷이 보이는 사람들에게서 항상 나타나지는 않는다는 점에서, 이러한 진퇴양난의 상황을 수습하기 위한 차원에서 DSM-5에서는 '표출된 두려움' 기준에 대한 대안을 추가되었다. 즉, 개인이 체중 증가를 방해하는 행동을 지속적으로 나타낼 수 있다는 기준으로 대체되었다. 이 대안적인 기준을 통해 AN을 시사하는 행동을 나타내면서도 병식이 손상되었거나, 협력이나 투명성이 차선적인suboptimal 수준에 있거나, 음식 제한에 대한 대안적 근거를 가진 사람들에 대한 진단이 가능해지게 되었다. 신경성 폭식증blimia nervosa(BN) 역시 DSM-5에서는 개념상 동일한 상태를 유지하고 있다. 그러나 진단 역치는 폭식과 보상행동의 빈도가 매주 2회에서 1회로 감소됨으로써 낮추어졌다.

회피적/제한적 음식섭취장애avoidant/restrictive food eating disorder(ARFID)는 음식 섭

취를 제한하거나 회피함으로써 심한 손상을 입으면서도 AN의 기준에 부합되지 않는 사람들을 기술하는 새로운 DSM-5 장애다. 관련 증상이 폭넓게 포함되어 있는 범주인 ARFID에는 이전에 DSM-IV의 유아기 또는 아동기 초기의 급식장애 진단기준에 부합되었던 사람들이 포함된다. ARFID는 일반적으로 연령에 관계없이 아동과 청소년 환자군에 대해 기술하고 있다.

DSM-5에서는 본문에 BED를 추가하고, AN과 BN의 진단 역치를 낮추는 한편, ARFID 진단을 새로 만듦으로써, 손상을 일으키는 섭식장애가 있음에도 EDNOS의 정보 부족 범주에 속했던 하위 모집단 환자들에 대해 훨씬 더 명확하게 설명할 수 있게 되었다. 더욱이 이처럼 융통성이 있는 기준에 속하는 사람들은 의미 있는 방식으로 과거의 기준에 부합되는 사람들과 유사하다는 증거들이 있다. 그럼에도 섭식장애의 진단기준을 느슨하게 확장함으로써 정상인들에게도 이 진단이 내려질 가능성에 대한 우려는 남아 있다. 즉, DSM-5의 특성에 따라, 진단기준에는 심한 고통 및/또는 손상을 필수요건으로 규정하고 있다. 따라서 정상적인 섭식행동의 범주에 속하는 사람들에게는 이러한 진단이 내려져서는 안 된다.

임상적으로 관련된 섭식문제가 있다고 하더라도, 많은 환자는 특정 섭식장애 기준에 부합되지 않는다. 예를 들어, 어떤 사람은 심한 체중 감소를 비롯해서 AN의 모든 기준에 부합되지만, 정상 또는 정상 이상의 체중을 유지하기도 한다. 이 경우, 특정 섭식장애(비전형적 신경성 식욕부진증) 진단이 내려지게 될 것이다. 다른 특정 섭식장애로는 폭식증 또는 낮은 빈도수나 지속 기간의 폭식, 폭식이 동반되지 않는 배출, 야식증후군night eating syndrome이 있다. 끝으로, 명시되지 않는 급식 또는 섭식장애unspecified feeding or eating disorder는 현저한 섭식장애 증상이 있지만, 확실한 정보가 부족하다는 이유(예, 응급실 상황)로 특정 장애 기준에 완전히 부합되지 않는 사람들을 기술하기 위한 진단명이다.

앞서 언급된 장애들 외에도, 이 장에서는 보통(항상은 아님) 아동기와 청소년기에 진단되는 2가지 급식 및 섭식 장애, 즉 이식증과 되새김장애에 대해 소개하고 있다. 이식증pica이란 지속적이고 임상적으로 심한 비영양성·비음식 물질을 섭취하는 장애를 말한다. 이에 비해 되새김장애는 음식을 반복적으로 역류시켜 되씹는 것을 말한다. 이러한 증상은 유아들에게서뿐 아니라 생활 주기에서도 나타난다. 이식증과 되새김장애는 섭식장애가 임상적 심각성 역치에 도달하는 범위 내에서 자폐스펙트럼장애, 지적장애, 조현병과 같은 정신의학적 상태를 동반하는 것으로 진단될 수 있다.

특히, DSM-5에서는 진단 위계가 명료하게 정리되어, 오직 단일 급식장애 또는 섭식장애가 특정인에 대해 내려질 수 있게 되었다. 단, 이식증은 기타 급식장애나 섭식장애와 동반이환될 수 있다. 전반적인 섭식장애의 위계는 AN, BN, ARFID, BED, 되새김장애 순으로 이어진다. 달리 말해, 신경성 식욕부진증은 다른 장애들보다도 우선한다. 예를 들어, AN이 진단되는 경우, 폭식장애가 함께 진단될 수 없다.

읽을거리

Stice E, Marti CN, Rohde P: Prevalence, incidence, impairment, and course of the proposed DSM-5 eating disorder diagnosis in an 8-year prospective community study of young women. J Abnorm Psychol 122(2):445-457, 2013

Striegel-Moore RH, Wonderlich SA, Walsh BT, Mitchell JE (eds): Developing an Evidence-Based Classification of Eating Disorders: Scientific Findings for DSM-5. Arlington, VA, American Psychiatric Association, 2011

Walsh BT: The enigmatic persistence of anorexia nervosa. Am J Psychiatry 170(5): 477-484, 2013

사례 1: 배탈
Stomachache

Susan Samuels, M.D.

토머스Thomas(8세, 남)는 경도에서 중등도 지적장애 아동으로, 몇 주 전에 발생한 복통이 지난 24시간 동안 악화되어 부모와 함께 응급실에 왔다. 그의 부모에 의하면, 토머스가 변비가 생겨서 지난 일주일 동안 단 한 차례 배변을 하더니 그날 아침에는 토하기까지 했다. 지적장애 아동을 위한 특수교육교실 교사들은 주초에 보고서를 통해 토머스가 4개월 전 플로리다 주의 학교에서 전학 온 직후부터 어려움이 있었다고 언급한 바 있다. 교사들과 부모는 토머스가 자주 고통스러워하는 것 같았고, 몸을 흔들면서 울고, 배를 움켜잡고 있기도 했다는 사실에 의견을 모았다.

일주일 전, 소아과 전문의는 만성변비 급성악화로 진단 내렸다. 처방전 없이도 살 수 있는 변비약이 별 도움이 되지 않자, 토머스는 야간에 통증을 호소하기 시작했다. 신체적 불편 때문에 토머스는 비디오게임과 스포츠 등 평소에 좋아하던 취미활동에 대해서도 관심을 보이지 않는 대신, 자기 방에서 병정놀이 장난감만 가지고 놀곤 했다. 병정놀이 장난감은 할아버지가 소장하던 것을 유산으로 물려받은 것들이었다. 과민성과 눈물 어림을 제외하면, 토머스는 대체로 학교생활을 잘했고, 교실과 운동장에서도 별문제 없이 생활했다. 복통을 호소하지 않는 경우, 토머스는 잘 먹었고 성장곡선상으로도 신장과 체중이 40 백분율 정도의 수준을 유지했다.

토머스의 과거 병력에는 간헐적 두통뿐 아니라 변비와 복통이 있었다. 이 모든 증상은 수개월 전부터 악화되었다. 이는 가족들이 전원풍의 플로리다에 있는 집에서 대도시의 엘리베이터가 없는 오래된 아파트로 이사한 때였다. 토머스는 남동생(6세)과 방을 함께 썼다. 남동생은 계획하지 않은 상태에서 임신되어 정상 분만으로 태어났고, 지역 공립학교 정규교육 학급에 편성되어 다니고 있었다. 토머스는 동생을 '가장 좋은 친구'로 여겼다. 토머스는 태어나자마자 입양되었는데, 친

부모가 10대여서 아이를 돌볼 수 없었다는 사실 외에 부모에 관해서는 아무것도 알지 못했다.

응급실에서 실시된 신체검진 당시 토머스는 옷을 잘 차려입고 어머니의 무릎 위에 앉아 있었다. 그는 울면서 과민한 상태에 있었고, 신체검진을 담당한 의사에게 말을 하지 않았다. 대신 부모에게 배가 아프다는 말만 반복했다. 신체검진에서 열은 없었고, 안정된 생명 징후vital signs, 즉 호흡, 체온, 심장 박동 등의 측정치는 모두 정상이었다. 신체검진에서는 일반적인 복부 유연성 정도만 확인되었다. 토머스가 검사 내내 통제할 수 없을 정도로 울어서 검사에 어려움이 있었기 때문이었다.

복부 X선 촬영 결과, 처음에는 고도의 납 성분이 들어 있는 페인트 조각으로 의심되었던 다수의 금속 조각이 위장관을 따라 붙어 있었고, 위장에는 2cm 길이의 금속체 3개가 들어 있었다. 혈중 납 수준은 20μg/dL이었다(아동의 정상수준은 5μg/dL 이하임). 구체적인 질문을 통해 토머스가 변비가 있는 상태에서 혼자 변기에 앉아서 오랜 시간을 보내곤 했다는 사실이 드러났다. 그의 부모는 화장실이 보수 중이었고, 페인트가 오래되어 벗겨지고 있던 상태였다는 말을 덧붙였다. 진료를 담당한 의사들은 토머스의 위장에 들어 있는 커다란 금속 조각들은 안전하게 통과되지 않을 것이고, 변비의 원인이 될 수 있다는 결론을 내렸다. 위내시경 검사를 통해 토머스의 위장에서 3개의 골동품 장난감 병정들을 찾아낼 수 있었다.

진단

- 이식증
- 지적장애, 경도에서 중등도

논의

토머스는 지적장애가 있는 8세 아동으로, 복통, 만성변비, 과민성, 그리고 기분과 기능 변화 증상들로 인해 응급실을 찾게 되었다. 이 모든 증상은 4개월 전 그가 새로운 도시로 이사했고, 새로운 학교로 전학하게 되면서 발생했다. 호소문제들에 대한 감별진단은 범위가 꽤 넓었고, 정신의학적 원인들이 포함되었다. 그러나 최우선적으로 해야 할 일은 면밀한 의학적 정밀검사를 통해 아동이 설명할 수 없는 통증의 근원(예, 귓병, 요로감염)을 탐색하는 것이다.

복통과 변비가 주요 호소문제인 경우, 복부 방사선 사진을 통해 대변으로 차 있는 장을 육안으로 관찰할 수 있다. 이러한 결과는 토머스의 소아과 전문의가 일주일 전에 추천한 것처럼, 보다 공격적인 장 식이 요법을 적용할 수 있을 것이다. 그러나 X선 촬영 결과, 토머스의 장에서 납으로 된 페인트 조각의 잔재물뿐만 아니라 3개의 작은 병정 장난감이 발견되었다는 점은 매우 특이하다.

비영양성 · 비식품류 물질을 지속적으로 먹는 행위는 이식증의 핵심 양상이다. DSM-5 기준에 부합되려면, 섭취가 임상적 주의를 요한 정도로 심한 정도여야 한다. 이식증은 조현병과 강박장애 등의 다른 장애에서도 발견될 수 있지만, 지적장애, 자폐스펙트럼장애와 매우 흔히 동반이환된다. 토머스의 사례에서 볼 수 있는 것처럼, 이식증이 있는 아동들은 일반적으로 음식을 혐오하지는 않는다. 성장 차트상으로 보면, 토머스는 꾸준히 성장하고 있었다.

이식증은 태아, 유아, 그리고 발달지체가 있는 사람들에게서 흔히 나타나는 증상처럼 단순히 비식품류 대상을 입에 넣고 우물거리고 간헐적으로 삼키는 것을 의미하지는 않는다. 대신, 진흙, 먼지, 실, 또는 담배꽁초와 같이 먹을 수 없는 물건을 만성적 · 임상적으로 관련되어 삼키는 일련의 증상을 말한다. 예를 들어, 이 사례에서 토머스는 장난감 병정들로 인해 생긴 위장의 천공으로 고통을 당해 왔을 수 있다. 게다가 장난감 병정들(한때 할아버지의 소장품이었다는 점에서 이 장난감 역시 납으로 만들어졌을 수 있음)뿐 아니라 납 성분이 있는 페인트를 먹고 있었다. 납에 대한 급격한 노출은 그의 복통의 원인이 된 반면, 만성적인 섭취는 이미 지적장애가 있는 남자 아동에게는 신경학적 대참사가 될 수 있다.

복통 외에, 토머스는 급우들과 남동생으로부터 고립을 자처하고 있었고, 과민하면서도 눈물이 많아졌다. 이러한 경향성은 통증을 반영하고 있을 가능성이 있지만, 다른 한편으로는 심리적 스트레스의 징후일 수도 있다. 만일 이식증이 플로리다에서 이사 온 이후에 발생했다면, 스트레스의 징후일 수 있다. 심리사회적 스트레스 요인들은 흔히 아동들, 특히 지적장애가 있는 아동들에게 있어서 다수 신체 증상의 원인으로 작용한다. 그러므로 토머스 역시 우울 기분 동반 적응장애 진단에 부합될 수 있다. 만일 기분 변화가 그의 혈류에 있어서 납의 독성분에 대한 이차성으로 결정된다면, 보다 정확한 진단은 물질로 유발된 우울증이나 불안장애가 될 수 있다. 그러나 응급실 장면에서 임상가는 토머스가 급성 복부 고통이 없는 상황에서 평가 기회를 갖기 전까지는 우울증, 불안, 또는 적응장애로 진단하는 것을 유보해야 할 것이다.

읽을거리

Barrett RP: Atypical behavior: self-injury and pica, in Developmental-Behavioral Pediatrics: Evidence and Practice. Edited by Wolraich ML, Drotar DD, Dworkin PH, Perrin EC. Philadelphia, PA, Mosby-Elsevier, 2008, pp 871-886

Katz ER, DeMaso RR: Rumination, pica, and elimination(enuresis, encopresis) disorders, in Nelson Textbook of Pediatrics, 19th Edition. Edited by Kliegman RM, Stanton BF, St Geme J, et al. Philadelphia, PA, Elsevier/Saunders, 2011

Williams DE, McAdam D: Assessment, behavioral therapy, and prevention of pica: clinical guidelines and recommendations for practitioners. Res Dev Disabil 33(6):2050-2057, 2012

사례 2: 성장곡선의 저점 표류
Drifting Below the Growth Curve

Eve K. Freidl, M.D.
Evelyn Attia, M.D.

우마Uma(11세, 여)는 영재학교에 다니고 있는 학생으로, 체중이 10 백분위수 미만에서 맴도는 것을 염려한 소아정신과 전문의에 의해 섭식장애 전문의에게 의뢰되었다. 소아정신과 전문의는 심한 불안을 초래하는 우마의 완벽주의적인 특성을 치료해 오고 있던 중이었다. 치료는 섭식행동보다는 주로 불안에 초점이 맞추어졌다.

우마의 섭식문제는 9세 때 시작되었다. 이 시기에 우마는 토할까 봐 겁이 난다면서 먹는 것을 거부했다. 당시 우마의 부모는 소아과 전문의에게 치료를 의뢰했다. 매년 우마를 평가해 온 소아과 전문의는 아이가 이러한 과정을 거치는 것을 정상으로 보았다. 9세 때 우마는 신장(52인치[132cm])과 체중(58파운드[26kg])이 25 백분위수 이상에 속했다. 그러나 11세가 되자, 성장이 정지되어 성장곡선이 5 백분위수로 떨어졌다(52.5인치[133cm], 55파운드[25kg]).

우마의 부모는 둘 다 전문직에 종사하고 있었고, 5년 전 이혼했다. 우마는 주중에는 어머니와 살았고, 주말에는 부근에 거주하는 아버지와 함께 지냈다. 우마의 병력으로는 임신 34개월 만에 조산된 것이 유일했다. 우마의 성장 초기의 결정적인 발달 과업은 다소 늦게 성취되었지만, 2세가 되면서 발달적으로 정상을 되찾았다. 매년 실시하는 신체검진에서는 최근 성장 궤도가 하향곡선을 그리고 있는 것을 제외하고 특이사항이 없는 것으로 나타났다. 우마의 몸집은 늘 작았지만, 키와 몸무게가 생장 도표상 동일 연령의 신장과 체중 대비 25 백분위수 아래로 떨어진 적은 한 번도 없었다. 우마는 교사들이 좋아하는 영재학생이었고, 친구들도 많았다. 그러나 최근 들어 아이들과 어울리지 않고, 방과 후에 곧장 집으로 오곤 했다. 집에 와야 배가 편안해진다는 것이 그 이유였다.

과거 2년간 우마는 극히 소량의 음식만을 섭취했다. 우마의 부모는 다른 문화권의 음식과 다양한 색상과 식감이 드는 음식들을 먹어 보게 함으로써 우마의 입맛을 돋우어 주려고 했다. 그러나 우마의 식욕을 돋우는 데 도움이 된 것은 아무것도 없었다. 이들은 또한 우마가 가고 싶은 레스토랑을 선택하도록 기회를 주기도 했으나, 우마는 점차 엄마나 아빠와 따로 외식하는 것을 거부하게 되었다. 우마의 어머니와 아버지의 식사 패턴은 비슷했다. 우마는 식탁에 앉는 것은 동의했지만, 접시 위의 음식을 재배치하고, 음식을 잘게 자르는 데에만 시간을 보내다가 더 먹으라고 하면 울어 버리곤 했다.

우마가 두려워한다는 구토에 대해 묻자, 우마는 4세 때 겪었던 일을 떠올렸다. 당시 우마는 스프를 먹고 있었는데, 갑자기 배가 아프다가 결국 토했다고 한다. 최근에 와서는 다른 사람들 앞에서 식사하는 것을 점점 더 두려워하게 되었고, 학교에서는 전혀 식사를 하지 않았다고 한다. 그녀는 외모에 대해 염려하지 않는다고 했다. 단, 소아과 병원에 다녀온 후 자신의 체중이 너무 낮다는 사실을 깨달았다고 했다. 저체중의 위험성에 대해 교육을 받고 나자, 우마는 눈물을 흘리며 체중을 늘리겠다는 뜻을 분명히 했다.

진단

- 회피적/제한적 음식섭취장애

논의

우마는 11세 여자아이로, 자신의 성장 궤도 유지에 필요한 음식 섭취를 거부하는 증상을 나타내고 있다. 우마는 구토를 두려워하여 다른 사람들 앞에서는 음식을 먹으려 하지 않고 있고, 점차 친구들로부터 고립을 자처하고 있다. 신경성 식욕부진증anorexia nervosa(AN)이 있는 사람들과는 대조적으로, 우마는 체중 증가 또는 뚱뚱해질 것에 대한 두려움은 없다고 말하고 있지만, 현재 저체중의 심각성은 인정하고 있다. 따라서 우마는 DSM-5의 새로운 진단인 회피적/제한적 음식섭취장애

avoidant/restrictive food intake disorder(ARFID)로 진단될 수 있다.

ARFID는 AN의 기준에 부합되지 않지만, 음식의 회피 또는 제한으로 건강문제, 심리사회적 기능이상 및/또는 현저한 체중 감소를 겪고 있는 사람들 집단을 설명하기 위한 목적으로 설정된 비교적 넓은 범주의 진단명이다. 우마와 같은 아동의 사례에서 감소된 음식 섭취는 오히려 체중 감소보다 성장곡선이 멈추게 하는 원인으로 작용할 수 있다.

AN이 있는 사람들은 체중 증가 또는 뚱뚱해질 것에 대한 두려움을 가지고 있는 반면, ARFID가 있는 사람들은 신체상의 장해는 없다. 사람들이 체중 증가에 대한 두려움은 없다고 하면서, 신체적 호소 내용(예, 복부 불편감, 그득한 느낌, 식욕 감퇴), 종교적 동기, 통제 욕구, 또는 가족의 효과에 대한 욕구와 같이 음식 제한에 대해 다양한 설명을 늘어놓는 경우, ARFID와 AN 사이의 차이가 확실치 않을 수 있다. 종단적 평가는 진단 명료화를 위해 필요하고, ARFID는 사람들에 따라서는 AN보다 앞설 수 있다.

ARFID 진단은 우선적으로 아동과 청소년들에게 적용되는 경향이 있지만, 이 장애는 연령에 관계없이 발병될 수 있다. ARFID에는 다음의 3가지 아형이 있다. 즉, ① 정서 장해가 발생한 상태에서의 부적절한 전반적 섭취(예, 정서문제가 식욕과 섭식을 방해하지만, 회피가 구체적인 동기에서 파생되지 않는 경우), ② 음식 섭취의 제한된 범주(때로 '까다로운 섭식'이라고 함) 그리고 ③ 특정 두려움으로 인한 음식 회피(예, 삼키는 것에 대한 두려움[기능성 연하곤란functional dysphagia], 독살에 대한 두려움, 또는 구토에의 두려움 등)를 들 수 있다.

우마는 외출을 두려워하고 있고, 친구들과의 사회적 경험을 회피하는 것 같다. 이러한 행동은 우마가 사람들 앞에서 구토를 두려워한다는 점에서 특정공포증과 일치할 수 있다. 특정공포증은 섭식장애와 일치할 수 있지만, ARFID 진단은 다소 궁색한 설명인 것 같다. DSM-5에서 개요를 설명하고 있는 것처럼, ARFID는 섭식 장해eating disturbance의 심각도가 통상 다른 상태와 연관되고, 추가적인 임상적 주의가 확실시되는 경우, 다른 진단과 견줄 수 있는 증상이 나타난 상태에서 진단되어야 한다.

우마의 사례에서는 평가가 진행되는 동안 다양한 다른 장애를 고려해 봐야 한다. 예를 들어, 섭식을 방해할 수 있는 의학적 · 구조적 · 신경학적 장애들이 있다. 또한 부모의 이혼과 우마가 사춘기에 들어설 즈음의 맥락에서 부상할 수 있는 우울증과 불안장애가 있다. 이 장애들 가운데 어떤 것도 후속적으로 탐색될 수 있지만, 즉각적으로 우마의 체중 감소와 연관된 것으로 보이는 바는 없는 것 같다.

읽을거리

Bryant-Waugh R, Markham L, Kreipe RE, Walsh BT: Feeding and eating disorders in childhood. Int J Eat Disord 43(2):98–111, 2010

Kreipe RE, Palomaki A: Beyond picky eating: avoidant/restrictive food intake disorder. Curr Psychiatry Rep 14(4):421–431, 2012

사례 3: 두통과 피로감

Headaches and Fatigue

Jennifer J. Thomas, Ph.D.
Anne E. Becker, M.D., Ph.D.

발레리 가스파르Valerie Gaspard(20세, 여, 미혼)는 최근에 선교 사업차 가족과 함께 서아프리카에서 미국으로 이민 온 흑인 여성이었다. 그녀는 일차 진료 의사에게 잦은 두통과 만성피로를 호소했다. 건강검진 결과, 그녀의 키가 5피트 1인치(155cm)인 데 비해 체중이 78파운드(35kg)에, 체질량지수body mass index(BMI)[***역자 주.** 체중(kg)을 신장(m)의 제곱으로 나눈 비만도 지수로, 22가 표준임]가 14.7kg/m^2에 불과했고, 지난달 월경을 하지 않았다는 것 외에 특이사항은 없었다. 가스파르 양의 증상에 대한 의학적 설명거리를 발견할 수 없었고, 극도의 저체중이 염려된 의사는 가스파르 양을 병원의 섭식장애 프로그램에 의뢰했다.

정신의학적 평가를 받기 위해 병원을 찾은 가스파르 양은 협조적이었고, 기분이 좋은 상태였다. 그녀는 자신의 저체중에 대한 염려를 나타냈지만, 체중 증가나 신체상 장해body image disturbance는 없다면서 다음과 같이 말했다. "체중을 늘릴 필요가 있다는 것을 나도 잘 알고 있어요. 내가 너무 말랐거든요." 가스파르 양은 미국으로 건너오기 전에는 체중이 97파운드(44kg)였다고 했다. 그런데 가족들을 비롯해서 잘 모르는 사람들조차 자신에게 너무 말랐다고 할 때 '당혹감'을 느꼈다고 했다. 미국에 거주하고 있는 그녀의 일가친척들은 너나 할 것 없이 정상 체중이거나 눈에 띄게 과체중이었다.

자신의 영양실조 상태를 개선하려는 뚜렷한 동기가 있음에도 불구하고, 가스파르 양의 식습관에 대한 기억에 의하면, 그녀는 하루에 600kcal 정도만 섭취하고 있었다. 예를 들어, 평가 전날에도 작은 그릇에 마카로니 파스타, 삶은 브로콜리 한 접시, 검은콩 한 컵을 먹었다. 수분 섭취 역시 아주 제한적이어서, 보통 하루에 물 2~3잔 정도만 마셨다.

가스파르 양은 잘 먹지 않는 것에 대해 갖가지 이유를 둘러댔다. 첫 번째는 식욕이 없다는 것이었다("내 뇌는 배고프다는 신호를 보내 주지 않아요. 온종일 식욕이 없거든요."). 두 번째는 식후에 배가 더부룩하고 메스꺼운 느낌이 든다는 것이었다("식사를 하고 나면 불편한 느낌이 들어요."). 세 번째는 종교적인 이유로 먹을 수 있는 음식이 제한되어 있고, 채식 위주의 식단이 권장되고 있다는 것이었다("내 몸은 실제로는 내 것이 아니에요. 내 몸은 하나님의 성전이거든요."). 네 번째 이유는 빈약한 예산 때문에 그녀가 선호하는 채식주의자의 단백질 원천(예, 처리된 육류 대용식인 두부)을 사 먹을 수 없었기 때문이었다. 가스파르 양은 고등학교를 졸업하지 못했고, 출석하고 있는 교회에서 비서 업무를 담당하면서 낮은 임금을 받고 있었다.

가스파르 양은 폭식, 제거, 또는 기타 체중 감소를 위한 행위와 같이 기타 섭식 관련 장애 증상은 없다고 했다. 또한 운동으로는 하루에 3~4시간가량 걷는다고 했다. 운동 역시 칼로리를 소모시키기 위한 동기에 의해 하는 것은 아니라고 했다. 대신에 가스파르 양은 차가 없었고, 버스를 기다리기 싫어서 업무 처리와 여가활동을 걷는 것으로 대신하고 있다고 했다.

가스파르 양은 부적절한 양의 음식 섭취와 과도한 신체활동을 제외하고는 기타 현저한 정신과 증상은 없다고 했다. 그녀는 정상으로 보였고, 우울 증상은 없다고 했다. 또한 알코올 또는 불법약물 사용은 하지 않는다고 했다. 다만, 집중력이 저하된 상태에 있다고 했다. 그러나 최근부터 먹기 시작한 허브로 만든 보조식을 통해 기억력을 향상시킬 것으로 믿고 있다고 했다. 과거 치료력에 대한 질문에, 가스파르 양은 가족들이 자신의 저체중에 대해 '잔소리'를 시작하기 1년 전쯤에 영양사를 잠시 만났지만, 별 도움이 되지 않았다고 했다.

진단

- 신경성 식욕부진증, 제한형

논의

가스파르 양에게 가장 적절한 DSM-5 진단은 신경성 식욕부진증(AN)이다. 과거력에 의하면, 그녀의 악액질cachectic 증상에 대한 대안적 설명이 있겠지만, AN만큼 확실한 것은 없다. 예를 들어, 회피적/제한적 음식섭취장애는 DSM-5에서 개정된 기준에 따라 새롭게 명명된 것으로, 섭식 장해eating disturbance, 현저한 영양실조, 위장 불편감을 비롯한 신체적 불편감에 의해 촉발되거나 연관되어 섭식에 대한 흥미 결핍 또는 혐오를 나타내는 특징이 있다. 그러나 가스파르 양의 배를 더부룩하고 메스껍게 하는 것은 레드 헤링red herring(***역자 주.** 논점을 흐리고 상대방의 관점을 엉뚱한 데로 돌리는 수단)이다. 이 2가지는 AN에서 흔히 나타나는 증상이다. 이러한 증상은 특발성, 즉 개인에게 특이하게 나타나거나, 지연된 위장 내용물 배출시간 또는 총 소화기관 체류시간과 연관될 수 있다. 마찬가지로, 주요우울장애 역시 식욕 감퇴와 연관이 있을 수 있지만, 가스파르 양은 정상 상태로 선교 사업에 적극 참여하고 있다. 최근 음식과 교통수단에 접근하지 않는 것은 가스파르 양의 영양실조와 과도한 신체활동의 원인이 되고 있는 것으로 보인다. 또한 그녀의 가족들(공동자원을 공유하고 있는 사람들) 중에는 저체중인 사람은 아무도 없는 것 같다.

가스파르 양은 자신에게 폭식(통제 불능이라는 느낌이 들면서 많은 양의 음식을 먹는다는 사실을 부인함) 또는 제거(자기유도식 구토 또는 관장제, 변비약, 이뇨제, 또는 기타 치료약물 남용) 증상이 없다고 한다. 따라서 그녀의 증상들을 종합해 볼 때, AN의 제한형에 부합된다. 문화적으로 볼 때, 비서방 국가에서 서방 국가로의 이민이 섭식장애 발병의 위험성을 높일 수 있다는 사실은 이미 일부 모집단에게서 밝혀졌다. 그 이유는 서구의 미적 기준에 점차 노출되기 때문만이 아니라 문화 동화와 연관된 스트레스 요인 때문이었다. 가스파르 양은 비만공포가 없고, 월경이 지속되고 있기(비록 불규칙하지만) 때문에 DSM-IV의 AN 기준에는 부합되지 않지만, 개정된 DSM-5의 AN 기준에는 부합된다.

AN의 첫 번째 기준은 현저한 저체중이다. 가스파르 양의 BMI는 14.7로, 그녀의 연령과 신장을 기준으로, 미국 여성들의 첫 번째 BMI 백분위수 이하에 속한다. 더욱이 그녀의 BMI는 세계보건기구에서 제시한 성인의 하한치인 18.5kg/m^2에도 훨씬 못 미치고 있다. 체중 역시 너무 낮아서 불규칙한 월경의 원인이 되어 왔다. 무월경이 DSM-IV에서는 AN의 기준에 포함되었지만, DSM-5에서는 삭제되었다는 사실에 주목할 필요가 있다. 그 이유는 저체중이면서 규칙적으로 월경을 하는 섭식장애 환자들은 동일한 상황의 무월경 섭식장애 환자들에 비례하는 정신병리를 나타낸다는 연구들의 지적에 따른 것이다.

AN의 두 번째 기준은 현저한 저체중에도 불구하고 비만에 대한 강한 두려움 또는 체중 증가를 저해하는 지속적인 행동이다. 음식 거부에 대한 가스파르 양의 근거는 이전에 DSM-IV에서 AN의 필수요건으로 명시되었던 체중 증가에 대한 강한 두려움과는 일치하지 않는다. 그러나 다수의 저체중 환자—특히 문화적으로 비서구적 배경을 가진 사람들—는 명확하게 체중과 체형에 대한 염려를 드러내지 않는다.

문화 기반의 차이점—식이 및 식사 패턴, 체형과 체중에 대한 미적 이상론, 핵심 문화적 상징과 사회관계의 전형, 자기제시 및 자기표현 그리고 고통에 대한 신체적 표현 방식을 비롯한 다수의 요인을 지배하는 지역 규범을 포함해서—은 잠재적으로 경험, 징후, 섭식병리 표현에 영향을 미친다. 예를 들어, 날씬한 몸매를 특권처럼 여기고, 비만에 낙인을 찍으며, 성취와 자율성에 높은 가치를 부여하는 사회적 맥락에 있는 환자라면 제한적인 섭식행동을 체중관리 목적과 연결시키는 임상적 이야기 정도는 쉽게 지어낼 수 있다.

전통적인 AN 증상에 대한 결정적인 문화적 버팀목은 아마도 홍콩의 리싱Sing Lee이 섭식장애의 변종인 '비비만-공포증적 신경성 식욕부진증non-fat-phobic anorexia nervosa'을 기록해 놓은 글에서 가장 잘 보여 주고 있다. 이 장애는 체중 증가에 대한 두려움이 없다는 증상을 제외한다면, DSM-IV의 AN과 매우 흡사하다. 리와 동료들은 비만에 대한 두려움은 자신의 환자들 대부분에게서 문화적으로 현저하게 나타나지 않았다고 주장했다. 이들에 의하면, 환자들은 극도의 식이 제한을 다른 방식으로 합리화하면서 위험할 정도로 저체중에 도달했다. 비만공포증fat phobia이 없다는 것이 보다 양성적인 임상적 경과의 원인이 될 수 있다는 증거는 단지 문화의 매개뿐 아니라 섭식병리에 대한 문화의 중용성에 관한 설득력 있는 의문점을 제기하고 있다. 글로벌화된 무역과 소통으로, 리싱이 명명한 '문화의 현대성culture of modernity'에 광범위하게 노출될 수 있는 통로가 활짝 열리게 되면서, 섭식장애는 이제 지리적으로 넓게 분포되어 있는 것으로 인식되고 있다. DSM-5에서 개정된 AN 기준 B는 가스파르 양처럼 현재 비만공포 증상을 확실히 나타내고 있지는 않지만, 체중 증가를 저해하는 행동을 지속적으로 나타내는 사람들에 대해 적용되고 있다.

가스파르 양의 진술에는 진심이 들어 있는 것 같지만, 실제로는 최소 식품 섭취량(하루에 600kcal)과 높은 수준의 신체활동(하루에 3~4시간)은 그녀가 언급한 체중 증가에 대한 욕구와는 잘 맞지 않는다. 더욱이 그녀가 자신의 먹는 행동을 제한한다고 제시한 무수히 많은 근거(배고픔 결여에서부터 자원 결여에 대한 망각에 이르기까지)는 오히려 각각의 근거에 대한 신뢰성을 훼손시키고 있다. 가스파르 양을 일정 시간 관찰해서 그녀의 행동이 지속적이라는 사실을 확인한다면, AN 진단을 확정 짓는 데 도움이 될 것이다. 그러나 그녀의 임상 병력에 의하면, 이전에 저체중에 대해 지적받았을 때(가족, 영양사에 의해), 그녀는 건강한 수준의 체중으로 회복시키기 위한 변화를 꺼렸거나 실행에 옮길 수 없었던 것 같다.

AN으로 진단되려면, 또한 세 번째 기준, 즉 신체 또는 체형 인식의 장해, 자기평가에 있어서 체중이나 체형의 과도한 영향 및/또는 저체중의 심각성에 대한 인식 결여에 부합되어야 한다. 가스파르 양은 자기상self-image의 변화는 없고, 자신의 저체중에 대해 염려하고 있다고 말하고 있다. 그러나 그녀가 이전의 식이 개입에 잘 따르지 않았고, 그 결과로 인해 탈수증과 영양실조 증상들(두통, 피로, 집중력 감소)로 인해 일차 진료를 받게 된 사실을 고려해 보면, 그녀는 저체중의 심각성을 깨닫지 못하고 있을 수 있다. 게다가 가족들의 적절한 관심을 '성가신nagging' 지지로 여긴 것은 그녀가 저체중이 건강에 미치는 영향을 인식하지 못하고 있음을 뒷받침하고 있다.

읽을거리

Becker AE, Thomas JJ, Pike KM: Should nonfat−phobic anorexia nervosa be included in DSM−V? Int J Eat Disord 42(7):620−635, 2009

Benini L, Todesco T, Dalle Grave R, et al: Gastric emptying in patients with restricting and binge/purging subtypes of anorexia nervosa. Am J Gastroenterol 99(8):1448−1454, 2004

Centers for Disease Control and Prevention, National Center for Health Statistics: CDC growth charts: United States. Advance Data No. 314. Vital and Health Statistics of the Centers for Disease Control and Prevention. May 30, 2000. Available at: http://www. cdc.gov/growthcharts/data/set1clinical/cj41c024.pdf. Accessed May 6, 2013

Lee S: Self-starvation in context: towards a culturally sensitive understanding of anorexia nervosa. Soc Sci Med 41(1):25-36, 1995

Lee S: Reconsidering the status of anorexia nervosa as a Western culture-bound syndrome. Soc Sci Med 42(1):21-34, 1996

Roberto CA, Steinglass J, Mayer LE, et al: The clinical significance of amenorrhea as a diagnostic criterion for anorexia nervosa. Int J Eat Disord 41(6):559-563, 2008

van Hoeken D, Veling W, Smink FR, Hoek HW: The incidence of anorexia nervosa in Netherlands Antilles immigrants in the Netherlands. Eur Eat Disord Rev 18(5):399-403, 2010

사례 4: 구토증
Vomiting

James E. Mitchell, M.D.

완다 호프먼Wanda Hoffman(24세, 여)은 주요 호소문제로 "저는 자꾸 토하는 문제가 있어요."라고 말했다. 이 증상은 표준 체질량지수(BMI)에 속했던 청소년기 초기에 다이어트를 하면서부터 시작되었다. 18세에 대학에 입학한 호프먼 양은 새로운 환경에서 여러 사람과 어울리면서 과식하기 시작했다. 그러다가 체중이 10파운드(4.5kg) 늘자, 아침 식사를 거르기 시작했다. 그리고 점심 식사도 자주 거르게 되면서, 허기가 진 호프먼 양은 오후 늦게 집에 와서는 저녁마다 과식하곤 했다.

과식 삽화에서 음식 섭취 빈도와 양이 점차 늘면서, 호프먼 양은 점점 더 통제 불능 상태가 되었다. 폭식이 체중 증가로 이어지는 것을 걱정한 호프먼 양은 잡지책에서 읽은 적이 있는 구토 유도를 시작했다. 처음에는 이 패턴이 수용 가능한 행동이고, 구토 유도가 체중 증가에 대한 두려움을 통제할 수 있는 방법이라는 생각이 들었다. 그러나 이러한 행동 패턴이 점차 익숙해지면서, 아침의 음식 제한은 폭식으로 이어졌고, 폭식은 다시 구토 유도로 이어졌다.

호프먼 양은 평범한 대학생활을 이어 갔다. 친구들과 좋은 관계를 유지했고, 주변 사람들로부터 자신의 행동에 대한 비밀을 유지했다. 대학 졸업 후, 고향으로 돌아간 호프먼 양은 그 지역의 은행에 취직했다. 옛 친구들을 만나고, 이성 친구도 사귀고, 일도 즐겁게 하고 있음에도 불구하고, 호프먼 양은 늘 느낌이 좋지 않았다. 그녀는 기력 감퇴, 수면곤란 그리고 서로 다른 시간에 변비와 설사를 비롯해서 복부 부위의 다양한 불편감을 호소했다. 그녀는 자주 변명을 하면서 친구들을 피했고, 점차 사회적으로 고립을 자처했다. 기분이 악화되면서 자신이 무가치한 느낌이 들었고, 때로 차라리 죽었으면 하는 생각을 하곤 했다. 그러던 중 내과 전문의로부터 정신과 진료 의뢰를 받게 되자, 그녀는 이처럼 곤두박질하고 있는 소용돌이에서 벗어나기로 결심했다.

정신상태 검사 당시 환자는 발달 상태와 영양 상태가 좋았고, 눈에 띌 정도의 고통스러운 표정은 보이지 않았다. 그녀의 BMI는 23으로 정상이었다. 그녀는 조리 있었고, 협조적이었으며, 목표 지향적이었다. 또한 자주 슬프고 걱정스러운 느낌이 들지만, 우울 기분은 없다고 했다. 그리고 자살 의도는 없다고 했지만, 때로 인생이 살 만한 가치가 없다는 생각이 든다고 했다. 그녀는 혼돈 증상은 없다고 했다. 그녀의 인지 상태는 이상이 없었고, 병식과 판단력 또한 양호했다.

진단

- 신경성 폭식증
- 주요우울장애

논의

호프먼 양은 매우 고전적인 신경성 폭식증bulimia nervosa(BN) 병력을 나타내고 있다. BN이 있는 환자들의 90% 정도가 그런 것처럼 호프먼 양은 여성으로, 흔히 그렇듯이 10대 말~20대 초반에 증상이 시작됐다. 이 시기에 발병되는 한 가지 이유는 대학 입학이나 취업에 대한 스트레스다. 유전과 환경 역시 원인으로 작용하지만, 신체에 대한 불만족 정도는 동일함에도 불구하고 다른 사람들은 그렇지 않은데 왜 특정 젊은이들에게서 BN이 발병되는지는 아직 명확하게 밝혀진 바 없다.

이 병의 특징은 폭식이다. 폭식binge eating은 보통 특정 시간(예, 식사시간)에 음식을 먹는 동안 통제 상실감과 함께 부적절하게 많은 양의 음식을 먹는 행위로 정의된다. 음식의 양은 전형적으로 BN에서는 많지만, 다수의 사람들에게 있어서의 현저한 양상은 통제 상실감이다.

폭식과 함께, 환자들 대부분은 자가유도식 구토를 한다. 이러한 행동은 보통 폭식으로 인한 체중 증가에 대한 두려움과 함께 이어지는 구토를 이러한 위험을 모면하기 위한 방법으로 보는 데서 시작된다. 이 병의 진행과정 초기에 환자들 대부분은 손가락으로 구토를 유도하지만, 점차 자발적으로 토할 수 있는 방법을 개발하게 된다. 또한 BN이 있는 환자들 중에는 설사를 유도하기 위해 변비약을 사용하는 경우도 있다. 이 방법은 체중이 감소된 것 같은 감각을 유도할 수 있다. 그러나 변비약은 탈수증을 유도하게 되어 신체 증상과 의학적 위험성이 뒤따를 수 있다. BN이 있는 사람들은 이뇨제diuretics를 사용하기도 한다. 그리고 많은 사람은 이 약을 다이어트 용도로 사용하고 있다.

BN이 있는 사람들 대부분은 섭식 행동에 대한 불만보다는 이 장애의 합병증 때문에 도움을 구하는 경향이 있다. 예를 들어, 의학적 합병증으로는 흔히 탈수증 및 전해질electrolyte 이상, 특히 저염소혈증hypochloremia 및 대사성 알칼리 혈액증metabolic alkalosis 그리고 보다 드물게 저칼륨혈증hypokalemia 등이 있다. 이러한 합병증들은 피로감, 두통, 집중력 감퇴로 이어질 수 있다. 드물기는 하지만, 심한 의학적 합병증으로는 위 팽창과 식도 파열이 나타날 수 있다.

섭식장애 외에 호프먼 양은 우울 기분, 수면곤란, 기력 감퇴, 신체적 불평, 무가치감, 집중력 감퇴 증상을 보이고 있다. 그녀는 자살의도 또는 자살계획은 없다고 하지만, 죽음에 대한 생각은 하고 있다. 따라서 호프먼 양은 DSM-5의 주요우울장애의 기준에 부합된다. 우울증은 흔히 BN과 동반이환된다. 기타 흔히 나타나는 동반이환으로는 불안장애, 물질사용 문제(흔히 알코올과 성격장애가 포함됨)가 있다.

호프먼 양은 정신과 전문의에게 도움을 청했지만, 이는 내과 전문의를 거쳐서 이루어졌다. BN이 있는 사람들이 일차 진료 의사에게 모호한 의학적 불만을 털어놓는 경우는 매우 흔한 일이다. 흥미롭게도 BN 환자들을 발견하는 데 있어서 최적의 위치에 있는 건강 전문가는 치과 의사들인데, 이들은 흔히 법랑질 침식증enamel erosion의 증거를 찾아내곤 하기 때문이다.

읽을거리

Peat C, Mitchell JE, Hoek HW, Wonderlich SA: Validity and utility of subtyping norexia nervosa. Int J Eat Disord 42(7):590–594, 2009

van Hoeken D, Veling W, Sinke S, et al: The validity and utility of subtyping bulimia nervosa. Int J Eat Disord 42(7):595–602, 2009

Wonderlich SA, Gordon KH, Mitchell JE, et al: The validity and clinical utility of binge-eating disorder. Int J Eat Disord 42(8):687–705, 2009

사례 5: 체중 증가

Weight Gain

Susan L. McElroy, M.D.

야스민 이셔우드Yasmine Isherwood(55세, 여, 기혼)는 주요우울증 삽화로 6개월간 정신과 치료를 받아 왔다. 그녀는 심리치료와 약물치료(플루옥세틴과 부프로피온[*역자 주. 항우울제로, 니코틴 금단 증상 완화제로도 사용됨])가 결합된 방식에 잘 반응해 왔다. 그러던 중 갑자기 체중 증가에 대한 불만을 호소하기 시작했다. 그녀의 체중은 140파운드(63.5kg, 키는 5피트 5인치[165cm], BMI는 23.3)로, 지금까지 살아오는 동안 '최고치'였다.

정신과 전문의는 이셔우드 부인의 섭식에 대한 과거력 조사에 착수했다. 그녀의 섭식 패턴의 특징은 재발성으로, 많은 양의 음식을 무절제하게 먹음으로써 고통을 수반하는 삽화들이 나타난다는 점이다. 과식은 전혀 새로운 행동은 아니지만, 항우울제를 복용하면서 악화된 것 같았다. 그녀는 삽화가 일주일에 2~3회, 보통 퇴근해서 집에 도착했을 때와 남편이 퇴근해서 집에 들어오는 시간 사이에 발생한다고 했다. 이처럼 '한바탕 정신없이 먹는 행동'은 그녀가 자신의 행동을 스스로 통제할 수 없음을 의미한다. 그녀는 혼자서 빠른 속도로 불편할 정도로 배부를 때까지 먹었다. 그러고 나서는 우울하고, 피곤해하며, 자신에 대해 역겨워하곤 했다. 그녀는 보통 건강식에 대해 폭식을 일삼을 뿐 아니라 '설탕 폭식', 즉 아이스크림과 캔디처럼 주로 단것을 먹었다. 그녀는 현재는 물론 과거에도 자가유도식 구토, 금식 또는 변비약 오용, 이뇨제 또는 살 빼는 약을 사용한 적이 없다고 했다. 또한 거의 매일 1시간씩 운동을 하지만, 운동에 '중독된' 정도는 아니라고 했다. 그녀는 20대 후반에 뛰어난 육상선수였다. 당시 그녀는 자주 10km 경주에 참가했고, 일주일에 평균적으로 35마일(56km) 정도를 달렸다. 그러나 발 부상으로 결국 운동은 수영, 자전거 타기, 헬스용 자전거elliptical machine로 대신하게 되었다.

이셔우드 부인은 "내가 기억할 수 있는 동안은 폭식을 해 왔다"고 말했다. 그녀는 어려서 '땅딸막한' 체구였지만, 고등학교 시절에는 적극적인 활동으로, 늘 평균 체중(120~125파운드[54~57kg])을 유지했다. 그녀는 신경성 식욕부진증 과거력은 없다고 했다. 28세 때, 그녀는 성인으로서 최저치였던 113파운드(51kg)까지 체중이 떨어졌던 적도 있다. 그 시점에서 그녀는 '생명력 있고, 건강하며, 무엇이든 할 수 있다는 느낌'이 들었다고 했다.

30대 중반, 이셔우드 부인은 주요우울증 삽화가 2년 동안 지속됐다. 그녀는 고도의 우울증을 겪으면서 말이 없어졌고, '폐업' 상태로 침대에서만 지내면서 심한 피로감으로 평소보다 잠을 많이 자게 되어 제대로 기능할 수 없었다. 이때가 그녀의 삶에서 폭식을 중단했던 몇 차례 중 한 번이었고, 체중이 감소되었다. 그녀는 경조증이나 조증 삽화 과거력은 없다고 했다. 또한 잦은 슬픔 속에서 생활했지만, 지난해까지 다른 심한 우울 삽화는 없었다고 했다. 그리고 자살생각, 자살시도 그리고 알코올, 담배 또는 불법물질 사용에 대한 과거력은 없다고 했다.

평가에서 만난 이셔우드 부인은 영양 상태와 발달 상태가 좋았고, 꽤 조리 있고 협조적이었다. 그녀의 말은 유창했고 압출언어pressured speech는 보이지 않았다. 또한 우울 기분이 약간 있었으나, 적절한 미소를 짓는 등 반응적 정동을 보였다. 그녀는 죄책감, 자살 경향성, 무망감은 없다고 했다. 또한 폭식 후 피로를 제외한다면 자신의 기력은 정상이고, 정신병과 혼돈은 없다고 했다. 그녀의 인지는 정상이었고, 병력에는 특이사항은 없었다. 신체검진과 기초 검사실 검사 결과, 그녀의 내과 의사로부터 정상 범주 내에 있다는 사실이 확인되었다.

진단

- 폭식장애, 경도
- 주요우울장애, 재발성, 관해 상태

논의

이셔우드 부인은 통제 불능감에 의해 명백해진 과식 삽화들에 대해 언급하고 있다. 그녀는 지나치게 배부를 때까지 빠른 속도로 음식을 먹곤 한다. 또한 혼자 식사를 하고, 식후에는 메스꺼워하고 고통스러워한다. 이러한 삽화들은 일주일에 수차례 발생하지만, 구토나 변비약 사용처럼 부적절한 보상행동은 하지 않고 있다. 따라서 이셔우드 부인의 증상들은 DSM-5의 폭식장애binge-eating disorder(BED)의 새로운 정의와 일치한다.

BED는 신경성 폭식증bulimia nervosa(BN)과 비만과 공통적인 양상이 있지만, 이

2가지 상태와는 구별이 될 수 있다. 폭식을 하지 않는 비만인 사람들과 비교할 때, BED가 있는 비만인 사람들은 체중에 대해 더 염려하는 한편, 기분장애, 불안장애, 물질사용장애의 발병률이 더 높다. BN이 있는 사람들과 비교할 때, BED가 있는 사람들이 체중에 대해 염려하는 비율은 낮고, 비만 발생률은 높으며, 이와 연관되어 기분장애, 불안장애, 물질사용장애의 발병률은 낮다. DSM-5의 BED 기준은 DSM-IV의 잠정 기준에 비해 폭이 넓어졌다. 예를 들어, 6개월간 매주 2가지 폭식 삽화가 있어야 한다는 기준은 DSM-5에서는 3개월간 매주 한 가지 삽화가 있어야 한다는 조건으로 대체되었다. 이러한 변화는 증상학적 군집화symptomatic clustering를 조사한 연구들의 예를 나타낸 것이다. 이 사례를 통해 보다 덜 자주, 덜 지속적인 폭식 삽화가 있는 사람들은 약간 더 자주, 더 지속적인 삽화가 있는 사람들과 매우 유사하다는 사실이 명백해졌다. 이셔우드 부인은 일주일에 2~3가지 삽화가 있다고 하는데, 이로써 그녀는 경도 범주에 해당되고 있음을 알 수 있다.

BED 진단은 BN이나 AN에게는 주어지지 않지만, BED가 있는 환자들은 드물게 부적절한 보상행동뿐 아니라 다른 섭식장애의 과거력을 가지고 있을 수 있다. 예를 들어, 이셔우드 부인은 20대에 자주 달리기를 했고, 발에 만성적인 병이 있는 상태에서 일주일에 35마일(56km)을 달렸다고 했다. 그녀는 그 시간 동안은 생동감, 건강함, 통제감을 느꼈다고 하지만, 그 기간에 폭식과 폭식에 대한 보상을 목적으로 경쟁적인 달리기를 했다면, BN이 있었다고 할 수 있다.

BED 환자들은 흔히 처음에는 비만(BMI ≥ 30)문제로 치료를 신청한다. 그러나 임상사례에 의하면, BED가 있는 환자들의 1/3까지는 비만에 속하지 않는다. 비만에 속하지 않는 BED 환자들은 비만에 속하는 BED 환자들과 다르기보다는 오히려 더 유사하다. 하지만 이들은 건강한 체중 감소 행동과 건강하지 않은 체중 감소 행동을 하는 경향이 있다. 이셔우드 부인은 정기적으로 운동 식이 요법을 받고 있었기 때문에 광범위한 폭식 과거력에도 불구하고 정상 체중을 유지하고 있었을 가능성이 있다. 또한 이셔우드 부인의 과도한 달리기는 경조증 삽화로 인한 것이었을 가능성이 있다. 왜냐하면 제II형 양극성장애가 있는 환자들의 약 15%가 섭식장애가 있는 한편, BED는 가장 흔히 나타나는 장애이기 때문이다.

BED는 흔히 기분장애, 불안장애, 충동조절장애와 연관이 있다. 이셔우드 부인이 알코올 또는 약물 오용의 과거력이 없다고 하지만, 그녀는 재발성 주요우울장애 병력이 있다. 이 사례에서는 상세히 기술되어 있지 않지만, 이셔우드 부인의 섭식 습관과 우울증 증상들 사이의 연결고리를 탐색해 볼 필요가 있다. 주요우울증 자체는 과도한 섭식으로 이어질 수 있다. 그러나 BED와 우울증이 둘 다 나타난다면, 둘 다 진단되어야 한다. 끝으로, 과거력에서는 성격에 대해 논의하고 있지 않지만 폭식은 경계성 성격장애의 충동조절 기준에 포함되어 있다. 만일 이 2가지 장애의 기준에 완전히 부합된다면, 둘 다 진단되어야 한다.

읽을거리

Goldschmidt AB, Le Grange D, Powers P, et al: Eating disorder symptomatology in normal-weight vs. obese individuals with binge-eating disorder. Obesity(Silver Spring) 19(7): 1515–1518, 2011 Pubmed ID: 21331066

Hudson JI, Hiripi E, Pope HG Jr, Kessler RC: The prevalence and correlates of eating disorder in the National Comorbidity Survey Replication. Biol Psychiatry 61(3):348–358, 2007

Wonderlich SA, Gordon KH, Mitchell JE, et al: The validity and clinical utility of binge-eating disorder. Int J Eat Disord 42(8):687–705, 2009

04

급식 및 섭식 장애 DSM-5® 확인문제

01 DSM-IV의 유아기 또는 아동기 초기 급식장애 진단이 대체된 DSM-5 진단은?

A. 신경성 식욕부진증

B. 명시되지 않는 급식 또는 섭식장애

C. 아동기 초기의 신경성 식욕부진증

D. 회피적/제한적 음식섭취장애

E. 이식증

02 다음 중 신경성 식욕부진증에 대한 진단기준 중 DSM-5에서 변화된 점에 관한 진술로 옳은 것은?

A. 월경과다증에 대한 필수요건이 삭제되었다.

B. 무월경에 대한 필수요건이 삭제되었다.

C. 무월경과 월경과다증에 대한 필수요건이 삭제되었다.

D. 저체중은 더 이상 필수요건이 아니다.

E. 발달단계는 더 이상 심각한 쟁점이 아니다.

03 다음 중 신경성 폭식증에 대한 진단기준 중 DSM-5에서 수정된 사항에 관한 진술로 옳은 것은?

A. 필수적으로 요구되는 폭식 삽화와 부적절한 보상행동의 빈도수가 주당 2회에서 3회로 증가되었다.

B. 토근ipecac 사용 또는 구토 삽화 빈도수가 주당 3회에서 4회로 증가되었다.

C. 필수적으로 요구되는 폭식과 부적절한 보상행동의 빈도수가 주당 2회에서 1회로 감소되었다.

D. 이식증 삽화가 지난 1년 동안 적어도 1회 발생해야 한다는 필수요건이 있다.

E. 지난 2년 내에 적어도 2회의 전해질 불균형을 보여야 한다는 필수요건이 있다.

04 DSM-5의 폭식장애 진단에 필수적인 폭식의 최소 빈도수는?

A. 지난 3개월 동안 매주 1회
B. 지난 4개월 동안 매주 1회
C. 지난 3개월 동안 격주 1회
D. 지난 4개월 동안 격주 1회
E. 지난 3개월 동안 매달 1회

05 회피적/제한적 음식섭취장애에 있어서, 섭식 또는 급식 장해는 4가지 구체적인 특징 중 한 가지 또는 그 이상의 것과 연관되어 적절한 영양 및/또는 에너지 욕구 충족의 지속적인 실패에 의해 발현된다. 다음 중 이 4가지 특징이 옳게 짝지어진 것은?

A. 조증 또는 경조증 증상, 되새김 행동, 강박적 사고, 뚜렷한 심리사회적 기능 침해
B. 심각한 체중 감소, 심각한 영양실조, 장 급식 또는 경구 영양제 의존, 뚜렷한 심리사회적 기능 침해
C. 심각한 체중 감소, 되새김 행동, 망상 또는 환각, 조증 또는 경조증 증상
D. 심각한 영양실조, 알코올 또는 기타 물질 사용 증가, 조증 또는 경조증 증상, 망상 또는 환각
E. 장 급식 또는 경구 영양제 의존, 되새김 행동, 망상 또는 환각, 조증 또는 경조증 증상

06 다음 중 회피적/제한적 음식섭취장애의 발병과 유병률에 관한 진술로 옳은 것은?

A. 대부분 여성에게서 발병하며, 전형적으로 나이 든 청소년에게서 발병한다.
B. 대부분 남성에게서 발병하며, 전형적으로 아동기 초기에 발병한다.
C. 아동기에 더 흔하고 남성보다 여성에게서 더 흔하다.
D. 아동기에 더 흔하고 남성과 여성에게서 동일하게 흔하다.
E. 나이 든 성인에게서 매우 흔하며, 흔히 연령 관련 섭취 감소가 나타난다.

07 45세 여성이 3년 전 샐러드를 먹은 후 질식 삽화가 있었다. 그로부터 그녀는 질식될 수도 있다는 공포심 때문에 다양한 음식 섭취에 대한 두려움을 갖게 되었다. 이러한 공포심은 친구들과 외식을 하는 그녀의 기능과 능력에 영향을 미치는 한편, 체중 감소를 초래하였다. 이 임상상에 가장 적합한 진단은?

A. 신경성 폭식증

B. 조현병

C. 회피적/제한적 음식섭취장애

D. 폭식장애

E. 적응장애

08 신경성 식욕부진증의 2가지 아형에 해당되는 것은?

A. 제한형, 폭식/제거형

B. 에너지 절약형, 폭식/제거형

C. 저칼로리/저탄수화물형, 제한형

D. 저탄수화물/저지방형, 제한형

E. 제한형, 저체중형

09 신경성 식욕부진증의 3가지 핵심적인 진단적 특징은?

A. 지속적인 낮은 자신감, 비만에 대한 극심한 두려움, 동기motivation 장해

B. 낮은 자존감, 스스로 지각하는 체중 또는 체형에 있어서의 장해, 지속적인 에너지 제한

C. 제한된 정동, 동기 장해, 낮은 칼로리 섭취

D. 지속적인 에너지 섭취 제한, 비만에 대한 극심한 두려움, 스스로 지각하는 체중 또는 체형에 있어서의 장해

E. 지속적인 체중 증가 결여, 동기 장해, 제한된 정동

10 신경성 식욕부진증이 있는 사람들에게서 흔히 발견되는 검사실 검사결과의 비정상성은?

A. 고양된 혈액요소성 질소(BUN), 낮은 티로닌(T3), 부신피질기능항진증, 낮은 혈청 에스트로겐(여성) 또는 테스토스테론(남성), 서맥, 낮은 골밀도
B. 낮은 BUN, 부신피질기능항진증, 높은 티록신(T4), 부신피질기능저하증, 짧은 QTc, 낮은 골밀도
C. 미분화 세포, 혈소판증가증, 고인산혈증, 저아밀레이스혈, 높은 혈청 에스트로겐(여성) 또는 테스토스테론(남성)
D. 고아연혈증, 고마그네슘혈증, 고염소혈증, 고칼륨혈증
E. C와 D

11 27세 대학원생은 10년간의 신경성 식욕부진증 과거력이 있다. 그녀의 남자 친구는 그녀가 청결과 관련된 극도의 공포가 있기 때문에 매우 염려하고 있다. 그녀는 자신의 손을 하루에 12회 이상 씻고 있고 오염에 대해 과도하게 염려하고 있다. 이 시점에서 이러한 증상에 대해 정신건강 전문가가 내려야 할 최적의 결정은?

A. 환자의 강박 증상이 그녀의 신경성 식욕부진증과 관련이 있다고 가정한다.
B. 강박증 양상을 좀 더 평가한다. 만일 이 증상이 신경성 식욕부진증과 관련이 없다면, 강박장애로 새롭게 진단될 수 있기 때문이다.
C. 환자에게 1년간 기다렸다가 이 증상이 어떻게 진행되는지 지켜보도록 요청한다.
D. 신체변형장애로 진단한다.
E. 환자를 결장경 검사colonoscopy에 의뢰한다.

12 신경성 폭식증의 3가지 핵심적인 진단적 특징은?

A. 재발성 폭식 삽화, 체중 증가 방지를 위한 반복적인 부적절한 보상행동, 체형과 체중에 의해 과도하게 영향을 받는 자기평가
B. 재발성 음식 제한, 체형과 체중에 의해 과도하게 영향을 받는 자기평가, 기분 불안정
C. 체형에 관한 망상, 음식에 대한 강박적 초점, 재발성 제거

D. 1개월간의 경조증 증상, 기분 불안정, 체형과 체중에 의해 과도하게 영향을 받는 자기평가

E. 체형과 체중에 의해 과도하게 영향을 받는 자기평가, 신경성 식욕부진증 과거력, 체중 증가에 대한 반복적인 부적절한 보상행동

13 신경성 폭식증의 아형에 해당되는 것은?

A. 제한

B. 제거

C. 제한 및 제거

D. 없음

E. 정상 체중/비정상 체중 동반

14 폭식장애 진단에 필수적으로 요구되는 폭식의 최소 평균 빈도수는?

A. 적어도 3개월 동안 주당 1회

B. 적어도 3개월 동안 주당 2회

C. 적어도 6개월 동안 주당 1회

D. 적어도 6개월 동안 주당 2회

E. 위의 보기 모두 아님

05

급식 및 섭식 장애 DSM-5® 확인문제 정답

01 DSM-IV의 유아기 또는 아동기 초기 급식장애 진단이 대체된 DSM-5 진단은?

A. 신경성 식욕부진증
B. 명시되지 않는 급식 또는 섭식장애
C. 아동기 초기의 신경성 식욕부진증
D. 회피적/제한적 음식섭취장애
E. 이식증

정답 D. 회피적/제한적 음식섭취장애

해설 DSM-IV의 "유아기, 아동기, 또는 청소년기에 보통 처음 진단되는 장애" 장이 삭제되었기 때문에 DSM-IV의 "유아기 또는 아동기 초기의 급식 및 섭식 장애" 절에 속한 이식증과 되새김장애와 같은 몇몇 장애는 DSM-5에서는 급식 및 섭식 장애에서 다루고 있다. DSM-IV의 유아기 또는 아동기 초기의 급식장애 범주는 회피적/제한적 음식섭취장애로 명칭이 바뀌었고, 진단범주는 현저하게 확대되었다.

머리말/DSM-IV에서 DSM-5로의 주요 변화 사항 (pp. 10-12)

02 다음 중 신경성 식욕부진증에 대한 진단기준 중 DSM-5에서 변화된 점에 관한 진술로 옳은 것은?

A. 월경과다증에 대한 필수요건이 삭제되었다.
B. 무월경에 대한 필수요건이 삭제되었다.
C. 무월경과 월경과다증에 대한 필수요건이 삭제되었다.
D. 저체중은 더 이상 필수요건이 아니다.
E. 발달단계는 더 이상 심각한 쟁점이 아니다.

정답 B. 무월경에 대한 필수요건이 삭제되었다.

해설 신경성 식욕부진증의 핵심적인 진단기준은 DSM-IV로부터 개념적으로 변화되지 않았다. 단, 예외가 있다면, 무월경에 대한 필수요건이 삭제된 것이다. DSM-IV에서와 같이, 이 장애가 있는 사람들은 발달단계에 비해 현저한 저체중이 필수적으로 요구되는 진단기준 A에 부합되어야 한다. 진단기준의 문구는 명료성을 높이기 위해 수정되었다. 또한 개인이 현저한 저체중 상태인지 그 미만인지의 여부를 판단하는 방법에 관한 안내가 본문에 제시되어 있다. DSM-5에서 진단기준 B는 체중 증가에 대한 명백하게 표출된 두려움뿐 아니라 체중 증가를 저해하는 지속적인 행동이 포함될 정도로 확대되었다.

머리말 / DSM-IV에서 DSM-5로의 주요 변화 사항 (pp. 10-12)

03 다음 중 신경성 폭식증에 대한 진단기준 중 DSM-5에서 수정된 사항에 관한 진술로 옳은 것은?

A. 필수적으로 요구되는 폭식 삽화와 부적절한 보상행동의 빈도수가 주당 2회에서 3회로 증가되었다.

B. 토근ipecac 사용 또는 구토 삽화 빈도수가 주당 3회에서 4회로 증가되었다.

C. 필수적으로 요구되는 폭식과 부적절한 보상행동의 빈도수가 주당 2회에서 1회로 감소되었다.

D. 이식증 삽화가 지난 1년 동안 적어도 1회 발생해야 한다는 필수요건이 있다.

E. 지난 2년 내에 적어도 2회의 전해질 불균형을 보여야 한다는 필수요건이 있다.

정답 C. 필수적으로 요구되는 폭식과 부적절한 보상행동의 빈도수가 주당 2회에서 1회로 감소되었다.

해설 DSM-IV의 신경성 폭식증 진단범주에 있어서의 유일한 변화는 필수요건인 폭식의 최소 평균 빈도수가 감소된 것과 부적절한 보상행동 빈도수가 매주 2회에서 1회로 감소된 것이다.

머리말 / DSM-IV에서 DSM-5로의 주요 변화 사항 (pp. 10-12)

04 DSM-5의 폭식장애 진단에 필수적인 폭식의 최소 빈도수는?

A. 지난 3개월 동안 매주 1회

B. 지난 4개월 동안 매주 1회

C. 지난 3개월 동안 격주 1회

D. 지난 4개월 동안 격주 1회

E. 지난 3개월 동안 매달 1회

정답 A. 지난 3개월 동안 매주 1회

해설 폭식은 치료를 찾는 사람들의 비만과 과체중 상태와 확실히 연관성이 있다. DSM-IV의 부록 B에 폭식장애의 예비 진단범주가 공표된 이후의 광범위한 연구를 통해 폭식장애의 임상적 유용성과 타당성에 관한 자료들이 축적되었다. 유일하게 예비 진단범주와의 현저한 차이점은 진단에 필수적으로 요구되는 최소 평균 폭식 빈도수가 지난 3개월에 걸쳐 주당 1회라는 것으로, 이는 신경성 폭식증의 빈도수 진단기준과 동일한 것이다(DSM-IV의 적어도 6개월 동안 주당 2일에 비해).

머리말 / DSM-IV에서 DSM-5로의 주요 변화 사항 (pp. 10-12)

05 회피적/제한적 음식섭취장애에 있어서, 섭식 또는 급식 장해는 4가지 구체적인 특징 중 한 가지 또는 그 이상의 것과 연관되어 적절한 영양 및/또는 에너지 욕구 충족의 지속적인 실패에 의해 발현된다. 다음 중 이 4가지 특징이 옳게 짝지어진 것은?

A. 조증 또는 경조증 증상, 되새김 행동, 강박적 사고, 뚜렷한 심리사회적 기능 침해
B. 심각한 체중 감소, 심각한 영양실조, 장 급식 또는 경구 영양제 의존, 뚜렷한 심리사회적 기능 침해
C. 심각한 체중 감소, 되새김 행동, 망상 또는 환각, 조증 또는 경조증 증상
D. 심각한 영양실조, 알코올 또는 기타 물질 사용 증가, 조증 또는 경조증 증상, 망상 또는 환각
E. 장 급식 또는 경구 영양제 의존, 되새김 행동, 망상 또는 환각, 조증 또는 경조증 증상

정답 B. 심각한 체중 감소, 심각한 영양실조, 장 급식 또는 경구 영양제 의존, 뚜렷한 심리사회적 기능 침해

해설 회피적/제한적 음식섭취장애는 DSM-IV의 유아기 또는 아동기 초기의 급식장애 진단이 대체·확대된 것이다. 회피적/제한적 음식섭취장애의 주요 진단적 특징은 음식 섭취의 회피 또는 제한(진단기준 A)으로, 영양의 필수요건 충족 또는 불충분한 에너지 섭취의 임상적으로 뚜렷한 실패로 나타난다. 다음 중 한 가지 또는 그 이상의 핵심적인 특징이 반드시 나타나야 한다(① 심각한 체중 감소, ② 심각한 영양실조[또는 관련

된 건강 영향], ③ 장 급식 또는 경구 영양제 의존, ④ 뚜렷한 심리사회적 기능 저해). 체중 감소가 현저한지의 여부에 대한 결정은 임상적 판단에 달려 있다(진단기준 A1). 성장이 완료되지 않은 아동과 청소년들은 체중 감소 대신 이들의 발달 궤도를 따라 체중 또는 신장을 유지하지 못한다.

현저한 영양실조(진단기준 A2)의 결정 역시 임상적 평가(예, 식이섭취, 신체검진, 검사실 검사)에 기초되어야 한다. 심각한 사례에서 특히 유아들의 경우, 영양실조는 생명을 위협할 수 있다. 장 급식 또는 경구 영양제에 대한 의존(진단기준 A3)이란 보충급식 supplementary feeding은 적절한 섭취를 유지하는 데 필수적이라는 의미다. 보충급식이 필수적으로 요구되는 사람들의 예에는 성장 실패로 비위관nasogastrictube 급식이 필수적으로 요구되는 유아들, 영양적으로 완전한 보충제에 의존하는 신경발달장애가 있는 아동, 그리고 위루관gastronomy tube 섭식 또는 근원적인 의학적 상태가 결여된 상태에서 완전한 경구 영양보충제에 의존하는 사람들이 포함된다.

회피적/제한적 음식섭취장애 / 진단적 특징 (pp. 26-27)

06 다음 중 회피적/제한적 음식섭취장애의 발병과 유병률에 관한 진술로 옳은 것은?

A. 대부분 여성에게서 발병하며, 전형적으로 나이 든 청소년에게서 발병한다.
B. 대부분 남성에게서 발병하며, 전형적으로 아동기 초기에 발병한다.
C. 아동기에 더 흔하고 남성보다 여성에게서 더 흔하다.
D. 아동기에 더 흔하고 남성과 여성에게서 동일하게 흔하다.
E. 나이 든 성인에게서 매우 흔하며, 흔히 연령 관련 섭취 감소가 나타난다.

정답 D. 아동기에 더 흔하고 남성과 여성에게서 동일하게 흔하다.

해설 회피적/제한적 음식섭취장애는 유아기와 아동기 초기에 남성과 여성에게서 동일하게 흔하다. 이 장애는 성인들보다 아동에게서 더 흔히 발생한다. 또한 발병과 임상적 발현 사이에 장기적인 지연이 있을 수 있다. 회피적/제한적 음식섭취장애에는 구할 수 있는 음식 결여와 관련된 음식 섭취의 회피 또는 제한 또는 문화적 실행(예, 종교적 금식 또는 정상적인 다이어트)(진단기준 B)은 포함되지 않는다. 발달적으로 정상적인 행동(예, 유아의 편식, 노년층의 섭취 감소) 역시 포함되지 않는다.

회피적/제한적 음식섭취장애 / 진단적 특징 (pp. 26-27)

07 45세 여성이 3년 전 샐러드를 먹은 후 질식 삽화가 있었다. 그로부터 그녀는 질식될 수도 있다는 공포심 때문에 다양한 음식 섭취에 대한 두려움을 갖게 되었다. 이러한 공포심은 친구들과 외식을 하는 그녀의 기능과 능력에 영향을 미치는 한편, 체중 감소를 초래하였다. 이 임상상에 가장 적합한 진단은?

A. 신경성 폭식증

B. 조현병

C. 회피적/제한적 음식섭취장애

D. 폭식장애

E. 적응장애

정답 C. 회피적/제한적 음식섭취장애

해설 음식 회피 또는 제한은 질식, 보통 위장관 검사(예, 식도경 검사esophagoscopy)와 같은 고통스러운 시술, 또는 반복적 구토와 같은 혐오 경험에 따른 또는 예기되는 음식 섭취와 연관성이 있는 조건화된 부적 반응을 나타낼 수 있다. 기능성 연하곤란functional dysphagia 및 히스테리구globus hystericus/목 이물감(***역자 주.** 히스테리가 났을 때 종종 일어나는 증상으로, 가슴에서 공 같은 것이 치밀어 올라와 목구멍을 메게 하고 오르내리는 느낌)이라는 용어 역시 이러한 상태를 나타내기 위해 사용되었다.

회피적/제한적 음식섭취장애 / 진단적 특징 (pp. 26-27)

08 신경성 식욕부진증의 2가지 아형에 해당되는 것은?

A. 제한형, 폭식/제거형

B. 에너지 절약형, 폭식/제거형

C. 저칼로리/저탄수화물형, 제한형

D. 저탄수화물/저지방형, 제한형

E. 제한형, 저체중형

정답 A. 제한형, 폭식/제거형

해설 아형 명시자는 지난 3개월 동안 사용된 체중 감소의 일차적인 방식을 나타낸다. 신경성 식욕부진증의 제한형에 있어서, 체중 감소는 주로 다이어트, 금식 및/또는 과도한 운동을 동반한다. 또한 폭식/제거형에 있어서는 폭식 또는 제거 행동을 통해 이루어진다(예, 자기유도식 구토 또는 하제, 이뇨제, 또는 관장제 오용).

폭식을 하는 폭식/제거형 신경성 식욕부진증이 있는 사람들 대부분은 또한 자기유도식 또는 하제, 이뇨제, 또는 관장제 오용을 통해 제거행동을 한다. 이 아형의 신경성 식욕부진증이 있는 사람들의 일부는 폭식을 하지 않지만 적은 양의 음식 섭취 후에 정기적으로 제거행동을 한다. 이 장애의 경과 동안 아형들 간에 교차되는 것은 그리 드문 일은 아니다. 그러므로 종단적 경과보다는 현재 증상을 기술하기 위해 아형에 대한 설명이 사용되어야 한다.

신경성 식욕부진증 / 진단기준; 아형 (p. 35)

09 신경성 식욕부진증의 3가지 핵심적인 진단적 특징은?

A. 지속적인 낮은 자신감, 비만에 대한 극심한 두려움, 동기[motivation] 장해

B. 낮은 자존감, 스스로 지각하는 체중 또는 체형에 있어서의 장해, 지속적인 에너지 제한

C. 제한된 정동, 동기 장해, 낮은 칼로리 섭취

D. 지속적인 에너지 섭취 제한, 비만에 대한 극심한 두려움, 스스로 지각하는 체중 또는 체형에 있어서의 장해

E. 지속적인 체중 증가 결여, 동기 장해, 제한된 정동

정답 D. 지속적인 에너지 섭취 제한, 비만에 대한 극심한 두려움, 스스로 지각하는 체중 또는 체형에 있어서의 장해

해설 신경성 식욕부진증에는 3가지 필수적인 특징(① 지속적인 에너지 섭취 제한, ② 체중 증가 또는 비만에 대한 극심한 두려움, 또는 체중 증가를 저해하는 지속적인 행동, ③ 스스로 지각하는 체중 또는 체형에 있어서의 장해)이 있다.

신경성 식욕부진증 / 진단적 특징 (pp. 35-37)

10 신경성 식욕부진증이 있는 사람들에게서 흔히 발견되는 검사실 검사결과의 비정상성은?

A. 고양된 혈액요소성 질소(BUN), 낮은 티로닌(T3), 부신피질기능항진증, 낮은 혈청 에스트로겐(여성) 또는 테스토스테론(남성), 서맥, 낮은 골밀도

B. 낮은 BUN, 부신피질기능항진증, 높은 티록신(T4), 부신피질기능저하증, 짧은 QTc, 낮은 골밀도

C. 미분화 세포, 혈소판증가증, 고인산혈증, 저아밀레이스혈, 높은 혈청 에스트로겐(여성) 또는 테스토스테론(남성)

D. 고아연혈증, 고마그네슘혈증, 고염소혈증, 고칼륨혈증

E. C와 D

정답 A. 고양된 혈액요소성 질소blood urea nitrogen(BUN), 낮은 티로닌(T3), 부신피질기능항진증hyperadrenocorticism, 낮은 혈청 에스트로겐(여성) 또는 테스토스테론(남성), 서맥bradycardia, 낮은 골밀도

해설 신경성 식욕부진증이 있는 사람들은 고양된 BUN 수준을 반영하는 탈수증이 있을 수 있다. 이들은 악액질 및 반 기아 상태에 있으며, 고아연혈증hypozincemia과 고인산혈증hypophosphatemia과 같은 기타 비정상적인 실험실 지수로 나타날 수 있다. 제거, 구토, 그리고 하제 사용은 대사의 알칼리혈증alkalosis, 저염소혈증hypochloremia, 저칼륨혈증hypokalemia으로 이어질 수 있다.

신경성 식욕부진증 / 진단적 표지자 (pp. 41-43)

11 27세 대학원생은 10년간의 신경성 식욕부진증 과거력이 있다. 그녀의 남자 친구는 그녀가 청결과 관련된 극도의 공포가 있기 때문에 매우 염려하고 있다. 그녀는 자신의 손을 하루에 12회 이상 씻고 있고, 오염에 대해 과도하게 염려하고 있다. 이 시점에서 이러한 증상에 대해 정신건강 전문가가 내려야 할 최적의 결정은?

A. 환자의 강박 증상이 그녀의 신경성 식욕부진증과 관련이 있다고 가정한다.

B. 강박증의 양상을 좀 더 평가한다. 만일 이 증상이 신경성 식욕부진증과 관련이 없다.면, 강박장애로 새롭게 진단될 수 있기 때문이다.

C. 환자에게 1년간 기다렸다가 이 증상이 어떻게 진행되는지 지켜보도록 요청한다.

D. 신체변형장애로 진단한다.

E. 환자를 결장경 검사colonoscopy에 의뢰한다.

정답 B. 강박증의 양상을 좀 더 평가한다. 만일 이 증상이 신경성 식욕부진증과 관련이 없다면, 강박장애로 새롭게 진단될 수 있기 때문이다.

해설 강박증의 양상은 음식과 관련이 있는 경우와 없는 경우 둘 다 신경성 식욕부진증에서 현저하게 나타난다. 신경성 식욕부진증이 있는 사람들 대부분은 음식에 대한

사고에 사로잡혀 있다. 일부 사람들은 요리법을 수집하거나 음식물을 모은다. 기타 기아의 형태와 연관된 행동 관찰에 의하면, 음식과 관련된 강박사고와 강박행동은 영양결핍에 의해 악화될 수 있다. 신경성 식욕부진증이 있는 사람들이 음식, 체형, 또는 체중과 관련되지 않는 강박사고와 강박행동을 보이는 경우, 강박장애 진단을 추가한다.

신경성 식욕부진증 / 진단을 뒷받침하는 부수적 특징 (pp. 37-39)

12 신경성 폭식증의 3가지 핵심적인 진단적 특징은?

A. 재발성 폭식 삽화, 체중 증가 방지를 위한 반복적인 부적절한 보상행동, 체형과 체중에 의해 과도하게 영향을 받는 자기평가

B. 재발성 음식 제한, 체형과 체중에 의해 과도하게 영향을 받는 자기평가, 기분 불안정

C. 체형에 관한 망상, 음식에 대한 강박적 초점, 재발성 제거

D. 1개월간의 경조증 증상, 기분 불안정, 체형과 체중에 의해 과도하게 영향을 받는 자기평가

E. 체형과 체중에 의해 과도하게 영향을 받는 자기평가, 신경성 식욕부진증 과거력, 체중 증가에 대한 반복적인 부적절한 보상행동

정답 A. 재발성 폭식 삽화, 체중 증가 방지를 위한 반복적인 부적절한 보상행동, 체형과 체중에 의해 과도하게 영향을 받는 자기평가

해설 신경성 폭식증에는 3가지 필수적인 특징(① 재발성 폭식 삽화, ② 체중 증가 방지를 위한 반복적인 부적절한 보상행동, ③ 체형과 체중에 의해 과도하게 영향을 받는 자기평가)이 있다. 이 진단을 내리려면, 폭식과 부적절한 보상행동이 평균적으로 적어도 3개월 동안 매주 1회 발생해야 한다. "폭식 삽화"는 별도의 기간에 유사한 상황하에 유사한 시간에 대부분의 사람이 먹는 양보다 확실히 더 많은 양의 음식물 섭취로 정의된다.

신경성 폭식증 / 진단적 특징 (pp. 46-49)

13 신경성 폭식증의 아형에 해당되는 것은?

A. 제한

B. 제거

C. 제한 및 제거

D. 없음

E. 정상 체중/비정상 체중 동반

정답 D. 없음

해설 DSM-5의 신경성 폭식증의 아형은 없다.

신경성 폭식증 / 진단기준 (p. 46)

14 폭식장애 진단에 필수적으로 요구되는 폭식의 최소 평균 빈도수는?

A. 적어도 3개월 동안 주당 1회

B. 적어도 3개월 동안 주당 2회

C. 적어도 6개월 동안 주당 1회

D. 적어도 6개월 동안 주당 2회

E. 위의 보기 모두 아님

정답 A. 적어도 3개월 동안 주당 1회

해설 폭식장애의 필수적인 특징은 평균적으로 적어도 3개월 동안 주당 1회 반드시 발생하는 재발성 폭식 삽화다. “폭식 삽화”는 대부분의 사람들이 유사한 상황하에서 유사한 시간 동안 먹는 것보다 훨씬 더 많은 양의 음식을 먹는 것으로 정의된다.

폭식장애 / 진단적 특징 (pp. 55-56)

찾아보기

역자 소개

■ **강진령**(Jin-ryung Kang, Ph.D. in Counseling Psychology)

미국 인디애나 대학교 상담심리학 석사(M.S.) · 박사(Ph.D.)

미국 일리노이 주립대학교 임상인턴

미국 플로리다 대학교 초빙교수 역임

현재 경희대학교 교수

[주요 저서]

상담연습: 치료적 의사소통 기술(학지사, 2016)

학교상담과 생활지도: 이론과 실제(학지사, 2015)

상담과 심리치료(개정판, 양서원, 2013)

학교 집단상담(학지사, 2012)

집단과정과 기술(학지사, 2012)

집단상담과 치료(학지사, 2012)

집단상담의 실제(2판, 학지사, 2011)

상담자 윤리(공저, 학지사, 2009)

상담심리 용어사전(양서원, 2008) 외 다수

[주요 역서]

DSM-5 임상사례집(학지사, 2016)

APA 논문작성법(원서 6판, 학지사, 2013)

상담 · 심리치료 실습과 수련감독 전략(학지사, 2010)

간편 정신장애진단통계편람/DSM-IV-TR: Mini-D(학지사, 2008) 외 다수

DSM-5 Selections
급식 및 섭식 장애
Feeding and Eating Disorders

2017년 2월 10일 1판 1쇄 인쇄
2017년 2월 20일 1판 1쇄 발행

지은이 • APA
옮긴이 • 강진령
펴낸이 • 김진환
펴낸곳 • (주) 학지사
04031 서울특별시 마포구 양화로 15길 20 마인드월드빌딩
대표전화 • 02)330-5114 팩스 • 02)324-2345
등록번호 • 제313-2006-000265호

홈페이지 • http://www.hakjisa.co.kr
페이스북 • https://www.facebook.com/hakjisabook

ISBN 978-89-997-1153-4 94180
978-89-997-1150-3 (set)

정가 15,000원

이 도서의 국립중앙도서관 출판시도서목록(CIP)은 서지정보유통지원시스템 홈페이지(http://seoji.nl.go.kr)와 국가자료공동목록시스템(http://www.nl.go.kr/kolisnet)에서 이용하실 수 있습니다.
(CIP 제어번호: CIP2017000935)